日本教育历史沿革与发展研究

马宵月 李方阳 著

北京工业大学出版社

图书在版编目（CIP）数据

日本教育历史沿革与发展研究 / 马宵月，李方阳著.
— 北京 ：北京工业大学出版社，2021.5（2022.10 重印）
ISBN 978-7-5639-7980-6

Ⅰ．①日… Ⅱ．①马… ②李… Ⅲ．①教育史－研究
－日本 Ⅳ．① G531.39

中国版本图书馆 CIP 数据核字（2021）第 112085 号

日本教育历史沿革与发展研究

RIBEN JIAOYU LISHI YANGE YU FAZHAN YANJIU

著　者：	马宵月　李方阳
责任编辑：	郭志霄
封面设计：	知更壹点
出版发行：	北京工业大学出版社
	（北京市朝阳区平乐园 100 号　邮编：100124）
	010-67391722（传真）　bgdcbs@sina.com
经销单位：	全国各地新华书店
承印单位：	三河市元兴印务有限公司
开　本：	710 毫米 ×1000 毫米　1/16
印　张：	10.25
字　数：	235 千字
版　次：	2021 年 5 月第 1 版
印　次：	2022 年 10 月第 2 次印刷
标准书号：	ISBN 978-7-5639-7980-6
定　价：	75.00 元

作 者 简 介

马宵月，女，1982年2月出生，河南安阳人，2007年毕业于广东外语外贸大学，日语语言文学硕士研究生，现为安阳师范学院讲师。多年来一直从事日语专业教育教学工作。从教以来，多次参加各类教学技能大赛，获得院系一等奖、校级一等奖、省级二等奖、教育部三等奖。在教学中不断探索因材施教的方法，注重夯实学生的语音、语调、词汇、语法基本功。注重理论与实践相结合，结合具体实例，使课堂更有趣，气氛更活跃。将"以学生为中心、注重培养学生问题意识"的教学理念应用于教学中，采用日英汉对比的方法获得学生好评。发表论文9篇，主持2项地厅级项目并获得一等奖，主持横向课题1项，作为第一参与人参与国家社科基金项目、河南省哲学社会科学规划项目，作为主要参与人参与教育部及各类地厅级项目10余项。

李方阳，男，1982年6月出生，河南安阳人，2014年毕业于中山大学，比较文学与世界文学博士研究生，现任安阳师范学院讲师。多年来一直从事日本语言文学的教学研究工作。从教以来，不断探索教学与科研良性互动的教学模式，努力将学科最前沿的知识呈现给学生，注重拓宽外语专业学生的知识视野；强调阅读能力的提升，鼓励学生利用课堂以外的时间广泛阅读，逐步唤醒学生主动探索的学习意识，使课堂教学更有深度、更具启发意义。发表论文14篇，主持国家哲学社会科学基金项目1项、地厅级项目若干项，参与国家社科基金项目1项、教育部人文社科项目2项。

前 言

众所周知，日本是亚洲第一个建立资本主义制度的国家。如此一个国土狭小、资源匮乏的国家在短时间内迅速崛起，在一片废墟中建成了今日让世界瞩目的经济文化大国，其秘诀归根结底是重视教育。与其他东亚国家相比，它既延续了东方文化中尊师重教的传统，又吸收了西方文化中教育治理的精华，在世界教育之林可谓独树一帜。作为很多国家学习和借鉴的对象，日本教育形成了自己的规则。

全书共六章。第一章为绪论，主要阐述了日本的基本概况、日本教育系统的构成、教育对日本经济发展的作用等内容；第二章为日本教育的形成与发展，主要阐述了古代的教育，奈良、平安时代的教育，镰仓至室町时代的教育，江户时代的教育等内容；第三章为日本学校教育的历史沿革，主要阐述了日本幼儿园教育的历史沿革、日本小学教育的历史沿革、日本中学教育的历史沿革、日本高等教育的历史沿革、日本师资培养教育的历史沿革等内容；第四章为日本其他教育的历史沿革，主要阐述了日本家庭教育的历史沿革、日本社会教育的历史沿革、日本技术教育的历史沿革、日本企业内教育的历史沿革等内容；第五章为日本教育存在的问题与改革探索，主要阐述了日本教育存在的问题、日本教育的改革探索等内容；第六章为当代日本教育的国际化发展战略，主要阐述了教育信息化的发展、教育国际化的发展等内容。

本书由安阳师范学院马宵月和李方阳共同撰写完成。具体撰写分工如下：马宵月负责撰写第一章至第三章的内容（共计125千字），李方阳负责撰写第四章至第六章的内容（共计110千字）。全书由马宵月完成统稿。

为了确保研究内容的丰富性和多样性，作者在写作过程中参考了大量理论与研究文献，在此向涉及的专家学者表示衷心的感谢。

限于作者水平，加之时间仓促，本书难免存在一些疏漏，在此，恳请广大读者朋友批评指正！

目　录

第一章　绪论

日本位于欧亚大陆的东侧，是太平洋西部的一个岛国，是我国的近邻。日本是世界经济强国，经济、科技、文化教育都很发达。本章分为日本的基本概况、日本教育系统的构成、教育对日本经济发展的作用三个部分。主要包括：日本的地形地貌、气候特点、自然资源等基本概况，日本的幼儿教育、义务教育、高中教育等教育系统的构成，教育促进日本社会经济的发展等内容。

第一节　日本的基本概况

一、地形地貌

日本位于亚洲东部，是太平洋与日本海之间的一个岛国，是我国的邻邦。日本由北海道、本州、四国、九州四个大岛，以及伊豆、冲绳、小笠原等7 200多个岛屿组成（最大的岛屿为本州岛，面积约23万平方公里），由东北向西南呈弧形延伸，南北长约3 800公里，海岸线100米以上的岛屿有6 852个，面积50平方公里以上的岛屿有44个。

日本国土总面积约为37.8万平方公里，大约为我国国土面积的1/25。

日本多山地、丘陵，多火山，被称为"火山之国"，多地震，多温泉，平原少而小，河川多，水量丰富，但多短而急，有利于发电、灌溉，而不利于航行。日本共有大小湖泊600余个，多为火山湖、潟湖，海岸线曲折绵长，特别是临太平洋一侧海岸曲折，多天然良港。

二、气候特点

日本的气候类型属于温带海洋性季风气候，其特点主要有如下几点。

①冬不冷夏不热。日本冬季气温较低，夏季闷热、湿度大；冬季较温暖，夏季较凉爽。

②雨水多。日本降雨最多的为 6、7 月的梅雨期（北海道地区除外），经常是阴雨连绵。

③多雪。在冬季，日本海沿岸以阴为主，有大雪，积雪期 150～200 天，太平洋沿岸地区以晴为主，比较干燥。

④四季变化明显。春天在"春一号"之后到来，夏天有梅雨季节，9 月份进入秋天，11 月 20 日左右立冬。

⑤一月冷八月热。日本绝大多数地区一月最冷，八月最热。但由于跨亚热带和亚寒带两种气候，南北气温相差大。

⑥台风较多。日本位于台风圈内，常遭台风袭击。

三、自然资源

日本国土面积狭小，自然资源匮乏，除煤炭、天然气、硫磺等极少量矿产资源外，其他工业生产所需的主要原料、燃料等都需要从海外进口。日本森林覆盖率是世界上最高的国家之一，约 66.4%。日本的土地资源不够丰富，主要粮食作物为水稻。日本水力资源丰富，水能蕴藏量大，但由于河流短，积存水量并不多，福冈、东京等一些大城市仍然要考虑节约用水并开辟新的水源。北海道是世界著名的渔场，日本也是世界上植物种类比较丰富的国家之一。

四、人口、民族、语言

截至 2021 年，日本总人口降至 1.247 8 亿。

在日本，大和民族人口数占总人口的 98% 以上。大和民族是日本民族主体。少数为阿伊努人，也称"虾夷人"，生活在北海道。阿伊努人因与大和民族长期通婚，已经失去固有的体质和文化。此外还有琉球人，也称"冲绳人"，体质上有所差别。

日本民族语言为日语，也有阿伊努语和琉球语，被看作方言。英语也比较流行，许多有身份的人会讲英语。

第二节　日本教育系统的构成

一、幼儿教育

20 世纪初，日本幼儿教育在教育系统中发展缓慢。当时日本政府重视义务教育，相对不太重视幼儿教育。日本有两种不同的幼儿教育体系，分别为文部科学省（主管学校教育、社会教育、学术及文化的振兴和普及的国家行政机关）管理下的幼儿园系统和厚生劳动省（主管社会保障、公众卫生的国家行政机关）管理下的保育系统。两者创办宗旨也有差异，幼儿园是学校教育的前期准备，以教育为主要功能；而保育具有补充、完善家庭养育的功能。

进入21世纪，日本的幼儿教育出现了一些新动向，幼儿教育发展也面临着诸多新挑战。从颁布多次《幼儿教育振兴计划》到重新修订《教育基本法》，从育儿支援新制度到修订《幼儿园指导要领》，从创设认定儿童园到幼儿教育全免费，日本颁布了多项法令政策促进幼儿教育的振兴，在提升幼儿教育地位、促进"保教一体化"、加强幼小衔接等方面取得了实质性的进展。

二、义务教育

日本实行小学6年、初中3年的义务教育。受少子化人口趋势影响，日本小学在校生减少较为明显。这种影响从20世纪80年代初，即"团块世代"之后的出生人口成长为学龄人口开始逐渐显现。日本文部科学省历年发布的《学校基本调查》的数据显示，在1980年，日本小学的在校学生数为1 182.7万人，当年新入学的学生人数为205.6万人，此后这两个数字都开始持续减少，截至2019年，在校学生数为636.9万人，新入学学生数为102.9万人。学生数量的不断减少导致一些规模过小的学校被迫关闭或合并，日本中小学的数量也随之不断减少。日本的小学在1980年为24 945所，到2019年减少到19 738所，减少了5 207所：日本的初中在1990年为11 257所，到2019年减少到10 222所，减少了1 053所；日本的高中在1990年为5 506所，到2019年减少到4 887所，减少了619所。

三、高中教育

日本高中教育阶段有全日制、定时制、通信制三种课程。全日制修业年限为3年，定时制及通信制为3年以上。定时制课程有日间部和夜间部两种形式，夜间部占多数。

高中的教育分为普通教育和专门学科教育两种类型。普通教育是为满足准备升入高等学校和准备就职但没有确定具体行业的学生的需要而进行的教育。高中学生大部分在普通学校学习。专门学科教育主要是为了满足学生毕业后在特定领域内选择职业的需要，为其提供职业教育和其他专门教育。

从1994年开始日本还创立了第三种学科——综合学科。这种综合学科可以满足学生发展多种兴趣、提高适应能力和毕业后选择各种出路的需要。学生可以对普通课程和专门课程自主选修，形成了高中教育新的特色。

四、高等教育

高等教育是一个庞大的体系，在日本，具有多种功能和特征的各高等教育机构各司其职、优势互补，成为推动日本经济社会不断前进的重要力量。日本的高等教育机构包括大学、研究生院、短期大学、高等专门学校、专修学校、广播电视大学等。

大学从诞生伊始，就被认为是研究高深学问的地方。为适应社会对其功能的多种诉求，大学在功能分化的过程中也开始具备职业教育功能。不过，大学的特性是实施基于广泛的教养教育和学术研究成果的专业教育，其职业教育通常建立在教养教育的基础上，从具有理论背景的分析性、批判性的角度出发。日本现有大学培养的大多是牙医、兽医、教师等传统型职业人才，这些传统型职业被认为是与学术研究相近的职业。日本大学研究生院一开始主要以培养研究人员和具有较高职业技能的专业人才为目的而存在。然而，由于大部分研究生院以培养研究人员和追求学术研究为重点，培养高级专门人才的功能未能充分实现。因此，日本文部科学省创设专门职业研究生院，比起培养学术研究人员，更注重教授研究学术的理论知识，培养专门职业所必要的卓越的能力。

在专门职业大学还未创立之时，担负日本高等教育阶段职业教育任务的主要是"短期高等教育机构"或"非大学机构"。具体来说，主要是日本的专门学校、高等专门学校和短期大学。专门学校不在日本学校体制内，但在日本高等教育体系中担当着为社会经济发展培养各级各类应用型人才的重要角色。2013年，"职业实践专门课程"认定工作的展开使得专门学校的职业教育特征更加鲜明，职业教育质量也相应提高。高等专门学校和短期大学都是日本法律规定的"一条校"，高等专门学校重点培养国家所需的以工科为主的高级技术型人才，短期大学注重传授职业和实际生活所需的专业知识和专业技能，偏重人文教养类学科。

五、职业教育

日本的职业技术教育体系分为三大块：学校教育体制下的职业技术教育、企业内的职业技术教育、社会办的公共职业训练。其中，学校教育体制下的职业技术教育包括初中的技术和家政课教育、高中的综合学科教育、高中的职业技术教育、"各种学校"教育、专修学校教育、高等专门学校教育、短期大学教育七种；企业内的职业技术教育包括工人的教育培训、技术人员的教育培训、管理人员和领导人员的教育培训三种；社会办的公共职业训练包括养成训练、提高训练、能力再开发训练、对残疾人的职业训练、对职业训练指导员的训练五种。

专门职业大学与大学比肩，拥有学位授予权，相应的在人才培养上以本科层次职业教育为主，培养高素质的应用型人才，是日本高等职业教育的新选择。专门职业大学的创立改变了日本自第二次世界大战以来的单线型教育制度，形成了"普通高中—大学—研究生院"的学院线和"专门高中—专门职业大学—专门职业研究生院"的专业线两条升学路径的复线型教育制度，具有划时代的里程碑意义。

日本的职业教育贯穿于整个学校教育体系中，从小学到研究生阶段分别承担着不同功能。

六、其他教育

作为构建终身学习社会的一部分，日本与继续教育相当的教育有社会教育、再生教育、回归教育等。根据1990年颁布的《关于进一步完善终身学习振兴政策推进体制的相关法律》（以下简称《终身学习振兴法》）的规定，日本在中央和地方政府都设立了终身学习政策咨询审议机构，负责对有关推进终身学习的重要事项进行审议。各级地方政府还分别在教育委员会或相关局（处）中设立了负责终身学习的部门或终身学习推进中心等，组织实施包括社会教育、继续教育在内的各种学习活动。

第三节　教育对日本经济发展的作用

一、教育投入与经济增长的理论逻辑

（一）教育投入的决定因素

教育投入对任何一个国家都是至关重要的，但各国的经济发展实践告诉我们，在一国经济发展的不同阶段，教育投入所发挥的作用是有重大差异的，进而人们对教育投入的重视程度也不同。

1. 经济发展阶段需要

根据经济增长理论，经济增长取决于资本、劳动、人力资本等各种要素。无论是国内经济发展历程，还是世界各国经济运行实践，均呈现出首先注重劳动和资本，然后再注重教育等人力资本的基本特征。这些共性的经济现象背后，实际上蕴含着基本的经济学原理，即在经济发展不同时期，影响经济增长的各要素投入产出效益不同。

在远期农耕社会，甚至于早期的工业化阶段，由于当时人们所依赖的基本生产要素资本和劳动极度稀缺，因此那时的经济增长可以在技术进步并不十分显著的情况下保持一定的持续性，对教育的投入需要并不紧迫。当一国经济发展完成了资本积累，当资本存量达到一定规模后，特别是当它的经济发展进入后工业化阶段时，资本边际收益递减的规律就会显现出来。在资本边际收益递减的情况下，一国经济会遇到旧的发展模式难以持续的困难，在这一阶段，通过增加教育投入，从而改善资本和劳动的质量，实现经济增长动能"换挡"，成为经济持续增长的基本出路。

2. 教育投入的能力

教育投入实际是国民经济的再分配，具体投入规模和结构与经济发展水平密切相关。不仅教育投入对经济增长有显著的促进作用，实际上经济增长也是影响教育投入的显著因素。

3. 教育投入制度安排

教育投入制度主要指教育经费来源、筹措和配置等系列制度规范。教育投入制度直接决定了教育由谁投入、怎样投入、投向哪儿等基础性问题，从而也会对教育投入规模和结构产生显著影响。从国际上看，发达国家的教育经费来源多元，除了财政拨款以外，还有大量的资金来源于企业和社团出资、私人的捐赠、受教育者支付的学费等。

（二）教育投入促进人力资本增加的路径和机制

人力资本价值的高低可以用他们的知识程度和技术水平来衡量，而技术水平的优劣和知识程度的高低主要取决于教育和培训。

一方面，教育和训练可直接使劳动者的生产能力产生差异。作用于生产过程的物质资本和人力资本既有数量的多寡，更有质量的高低之分，而教育培训投入则可以直接提高人力资本的质量。这一问题早在古代文明中就引起了很多学者的关注。柏拉图认为："教育和训练能够有效地提升个人的先天能力，当这种提高了先天能力的人们从事生产活动时可以增加更多的经济效益。"英国古典政治经济学之父威廉·配第尝试将教育投入与产出进行量化研究。他曾将海员和农民的生产率做出对比。在他看来,海员必须经过严格而痛苦的训练方能承担自己的职责,因此海员和农民的价值比应该是1:3,即一个海员创造的价值等于三个农民。当然,海员与农夫的价值比究竟是1:3还是1:4并不重要,重要的是前者因教育培训费用的物化而具有更高的价值。亚当·斯密进一步指出,技能的获得需要教育,而受教育可以通过学校,这些都是要支付费用的,即教育费用。劳动者一旦具备了某种技能,这种技能就会成为他个人财产的一部分,同时也是社会财产的一部分,他学习所支付的费用会在今后的劳动报酬中得到补偿,因为它创造的利润要远大于没有受过教育和培训的劳动者。马克思提出,劳动者要获得技能和技巧需要通过教育。其进一步将劳动区分为简单劳动和复杂劳动,并指出复杂劳动等于加倍的简单劳动。因此,复杂劳动所生产的商品的价值要远大于简单劳动制造的商品的价值。

另一方面,教育投入通过代际传递效应对人力资本积累产生显著影响。研究表明,教育不仅能增加受教育者自身的人力资本,还能通过代际传递对子女的人力资本积累产生重要影响。根据舒尔茨等的研究,人力资本不仅包括以知识、技能等为核心的认知人力资本,还包括健康人力资本,而教育投入通过代际传递效应对这两大类人力资本都有显著影响。首先,教育投入的代际传递效应对认知人力资本有显著的影响。如父母的受教育水平等比短期经济约束对高等教育入学率的影响更为显著。之所以出现这种代际传递效应,是因为受教育程度越高的家庭,对子女的教育投入能力越强,对子女的人力资本投资效率往往也越高。其次,教育投入的代际传递效应对健康人力资本也有显著的促进作用。受教育程度越高的家庭,往往在子女医疗保健等方面投入更多,拥有更营养健康的生活方式,更倾向于优生优育等,从而使得子女自出生就能获得更高的初始健康存量。教育投入的代际传递效应是极其重要的,这就意味着,教育投入对人力资本增加的作用可进入一种良性循环机制,形成一种内生增长动力,即当期进行一定的教育投入后,不仅能够直接促进当期人力资本提升,还会自动触发后期教育投入乃至人力资本积累的自发增加。

(三)人力资本提升是技术进步的重要源泉

技术进步是怎样产生的?其与教育投入、人力资本提升又有怎样的关系?这是当前需要探讨和厘清的问题。实际上,人力资本提升是否能够促进技术进步经历了一个漫长的研究历程。起初,新经济增长理论的代表人物索洛坚信,技术进步的动力并非来自政府部门提供的公共产品,而来自私人部门的研发投资。在索洛的模型中,技术进步是通过学习过程获得的,是从不断的实践经验中积累得到的。索洛既然排除了技术进步来自政府提供的公共品,也就排除了教育部门对企业技术进步的作用,显然这有所偏颇。之所以出现这一情况,主要是为了在生产函数中将技术变化内生化。因此对教育部门教育投入的否定实际上是模型技术处理的需要,并非一种现实。

与索洛的研究相比,罗默的研究开始在教育投入、人力资本提升与技术进步之间架起了桥梁。在罗默的理论模型中,研发投入和教育培训的增加、技术进步、企业获得超额利润三者之间,周而复始形成"内生性增长"的良性循环。知识被区分成两大类,即公共性知识和排他性知识。如果是前者,那么就意味着这里技术知识的使用是无偿的,而无偿的知识提供者只能是政府;如果是后者,知识的拥有者将通过自身的研发获得知识的所有权,并可以通过这些知识获得收益。罗默指出,公共性的知识通常是那些使用范围较为宽泛的基础性知识,这些知识的外部性特征极为明显,故应该由政府给予资助。而排他性的知识通常表现为新工艺和新技术,这些主要是厂商基于自身的需要展开的研发活动的结果。当然,这种排他性的知识也会"溢出"所有者控制的范围。例如,当知识的所有者有偿出售它们的时候,以及其他厂商通过"干中学"加以模仿时,原本排他性的知识就会"溢出"。罗默的收益递增模型单独地引进了知识这一变量,并通过知识的积累,产生规模性的经济效益。更重要的是,当排他性的知识溢出时,它的所有者也会带来递增的经济效益。这里,知识与劳动和物质资本的融合更会使物质资本和劳动产生递增的经济效益。在罗默看来,尽管物质资本、非技术劳动对知识的积累也会产生影响,但人力资本对知识积累的影响是最为重要的。由此,罗默给出的政策建议:大到一个国家经济,小到一个企业,甚至具体到每个人,收益的多寡取决于用于研究和开发的部门资源的多少,取决于在人力资本形成中教育投入的多少,技术进步的持续发生是知识持续积累的必然结果。这意味着,人力资本对于一国技术进步速度以及技术进步宏观政策都具有内在的影响。

卢卡斯的研究则进一步将人力资本提升与技术进步紧密联系起来。卢卡斯认为,经济之所以能够持续不断地增长,是因为源源不断的人力资本涌向物质生产部门,而提供人力资本的机构就是教育部门。卢卡斯将资本分为两大类,即有形资本和无形资本。那些只是拥有简单体力的劳动者属于有形资本,而受过教育和培训的拥有一定技能的劳动者属于无形资本,他们彼此不能完全相互替代。卢卡斯强调,只有无形资本才对经济增长具有促进作用。

在卢卡斯的经济增长模型中，他改变了罗默将知识和人力资本看作两个不同变量的观点，而直接将人力资本与知识画上等号，揭示了人力资本提升与技术进步几乎等同的紧密内在联系。卢卡斯还给出了"人力资本积累模型"。在这个模型中人力资本可以通过两种途径形成。一是劳动者在投入生产时，会学习到一定的技能，由此形成了相应的人力资本，这种资本是"边干边学"获得的。二是通过外部的教育机构培训得到的人力资本。例如，一些发展中国家通过经济的全球化引进了先进的技术设备，然后本国的劳动者在与这些先进的技术设备结合后，劳动的同时会获得新的知识和技能，产生人力资本，这正是知识和技术"溢出"的效应所致。卢卡斯特别强调，一国经济可持续增长的一个主要源泉是人力资本的积累。在现实经济生活中，无论是教育培训，还是"边干边学"，最终都会增加一国人力资本的总量，人力资本的积累最终将成为推动经济增长的主要源泉。事实上，发达国家和发展中国家、穷国与富国存在差异（经济增长的快慢）的主要原因就是人力资本积累的程度不同。现实生活中，那些移民国家、移民城市通常会比其他国家和城市发展快，除了这些国家和城市自身人力资本的积累外，外部的高质量的人力资本移入也是推动其经济增长的重要原因。

根据上述人力资本与经济增长理论演进历程可以得出基本结论：尽管技术进步的直接原因包括研发投入、"干中学"等，但归根到底仍是人力资本的积累，正是人力资本的积累，促成了长期的技术进步。从各国实践中也可看出，无论是农业技术进步，还是工业技术进步，往往与一国的人力资本数量和质量紧密相关。

（四）技术进步是经济增长的持久动力

技术进步是经济发展的动力，已在理论和实践中形成共识。弗里德里希·李斯特曾有一段名言："一个国家的最大部分消耗应该用于后一代的教育，用于国家未来生产力的促进和培养。"阿尔弗雷德·马歇尔在考察人力资本的问题时明确指出，对人的投资，就如同生产过程中的发动机，正是这个发动机为经济发展提供动力，而且是最强劲的动力。古典经济学家这些精辟的论断即使拿到今天，也不失现实指导意义，后来发达国家的经历验证了这些精辟论断的正确性。我国在 20 世纪 80 年代也提出"科学技术是第一生产力"的重要论断。

从经济发展实践看，发达的资本主义国家（地区）从 20 世纪 70 年代开始，发生了大规模的资本输出，一些传统的产业被转移到了发展中国家（地区）。"亚洲四小龙"正是承接了发达国家的资本输出，并借助输入的资本和技术与本地劳动的结合，改变了自身落后的局面，一跃成为发达经济体。这些国家和地区完成了工业化和城镇化的进程后，又将一些传统的产业再次向欠发达地区转移。为什么会发生这种"梯度转移"，以往学术界大多根据这些国家和地区间的产业转移的表象原因做出解释。例如，发达国家（地区）劳动力成本上升了，一些以劳动密集型为主的产业在这些国家和地区已经不具有比较优势，因此这些国家和地区倾向于将那些不具竞争优势的产业转移出去。

劳动力成本上升等解释实际上只是触及了事物的表层。如果深入分析这些发达的国家和地区的经济发展过程，会发现它们在没有新的替代产业出现之前，是不会将大规模的资本输出到国外的。通常这些发达的经济体会随着经济实力的提升加大教育投入的力度，由此导致该地区人力资本的提高。人力资本的提高必然会催生与其相适应的、科技含量高的新兴产业的出现。引领世界经济前行的新兴产业通常会诞生在发达国家和地区，究其原因，就是因为它们具备了产生这些新兴产业的人力资本。发达国家的传统产业之所以向外转移，是因为国内产生了替代产业。更重要的是，当新兴产业出现后，劳动密集型和资本密集型的传统产业遭受着资本边际收益递减的冲击，只好另寻出路，转移到适合它们继续生存的欠发达国家和地区。

二、日本教育投入对经济发展的作用

（一）为战后日本经济的崛起提供了保证

第二次世界大战结束后，日本的国民经济已经崩溃，国民财富损失了50%，工业设备损失了45%。战败后的日本受到美国严格的军事管制，包括其市场经济体制的建设，以及政治制度的确立。但战后的日本用了不到十年的时间就实现了国民经济的恢复，并在20世纪60年代超越了英国，而且在很长一段时期处于世界第二大经济体的位置。日本的经济起飞的原因有很多，但教育的贡献是最关键的因素。由于物质资源的匮乏，日本很早就高度重视人力资本在经济增长中的作用。早在1872年，日本就发布了教育改革的《学制令》，使得日本的文盲大幅度减少。在亚洲，日本是最早建立了完善的教育体系的国家，也是最早实现6年义务教育的国家。德国从提出普及初等教育到实现这一目标用了将近100年，英国用了68年，而日本仅用了35年。"二战"以后，日本仿照美国的教育体制在国内进行了一次大的教育改革，义务教育从6年延长到了9年，各类学校的数目大量增加，教师的人数也成倍增长。

在教育优先于其他产业的战略思路下，"二战"以后日本的教育经费增长速度惊人。来自日本文部科学省的数据显示，1955 年日本的教育经费是 4373.5 亿日元，40 年后日本的教育经费增长了 68.5 倍。从发展阶段看，1975 年日本教育经费增加到 96 114 亿日元，比 1955 年增加了 20 倍，如此规模的教育经费增长，在当时中等收入国家中是少有的。从教育经费占 GDP 的比重看，日本也走在了世界的前列。1955 年 GDP 的 6% 被用于教育投资，1975 年这一比例达到 7.7%。在日本，平均每个学生占用的经费达到 138 万日元。日本教育经费增长的速度高居发达国家之首，教育经费总额仅次于美国，居世界第二位，但是人均教育经费上，日本稳居世界第一。

"教育先行"和"教育立国"是历届日本政府奉行的基本国策。战后数十年的发展历程表明，日本的这一战略举措有效地为其各个行业的发展提供了高质量的人力资本，从而为战后日本经济的崛起提供了基本的保证。《国际教育百科全书》曾将一国的 GDP 按照劳动者受教育的程度进行分解。在日本受过初等教育的劳动者创造的 GDP 仅占其总量的 4%，而 GDP 中的 38% 是由受过中等教育的劳动者创造的，那么剩下的 58% 则是由受过高等教育的劳动者创造的。

（二）促进日本工业现代化的成功转型

和所有的发达国家一样，日本在工业现代化的过程中也经历了一个成功的转型。劳动者是生产力中最活跃的因素，它的活跃就在于作为人力资本，其边际收益是递增的。战后日本大规模地引进了西方发达国家的先进技术，获得了经济的发展。但是，并不是所有的国家在引进先进技术后都能获得成功，这里关键的因素是国民教育的水平。众所周知，日本在战前就已经普及了 6 年义务教育。人力资本的储备使得日本有能力消化西方发达国家的先进技术。

教育作为一个产业，与其他产业最大的区别就是它的持续、经久不衰的特征。它不能被中断，只有持续不断地发展，它的边际收益递增特性才会正常发挥。"二战"以后，为了恢复被战争摧毁的国民经济，日本政府彻底改组了旧的教育体制，在民主理念的指导下，强力推进"教育大众化"的进程。"教育大众化"首先体现在高中和中等职业学校课程的改进上。以往的普通高中教学体系被"高中多样化"政策所替代。改革后的高中教育体制除保留了以往必修的课程外，还增设了工、商、农、卫生和水产等职业课程。来自日本官方的数据显示，1966 年日本设置在职业高中的课程多达 218 种，随后每年都有新的课程加入日本的职业高中体系，到 1974 年日本职业高中的课程达到了 245 种。在日本高中接受了职业教育的学生会获得相应行业的从业资格证书。来自职业高中学校的毕业生进入相应的企业后迅速成为熟练的技工和技术人员，高质量的劳动力为日本吸收西方发达国家的先进技术提供了强大的人力资本基础。

（三）促进日本社会经济的发展

除了"教育大众化"以外，"二战"以后日本的高等教育也迅速发展，从事4年制本科教育的高等学校，从战前的不到200所逐年增加，到1975年日本的4年制本科院校达到400所，大学毕业生的人数也从战前的19 000人增加到313 000人。源源不断的高级人才输入日本的科技队伍，造就了日本赶超的奇迹。

"终身教育"是日本的又一个教育理念。从各类学校走上就业岗位的劳动者，在其从业过程中不断接受职业培训是日本"终身教育"的重要组成部分。在日本，一些大企业会为培训自己的员工而设立专门的教育机构。因此，在日本的国民教育体系中，企业设立的专门教育机构是一个非常重要的部分。当然，政府也会在税收和产业政策上对企业的职业教育培训给予扶持。

总之，从小学到中学，从职业教育到高等教育，直至企业内部的"终身教育"，日本形成了一个高效而完善的国民教育体系。从这个体系走出的高质量的人力资本推动着日本经济的发展，完成了后进国家对发达国家的追赶。高质量的人力资本也是日本经济从粗放型向集约型转变的物质基础。显然，日本"教育立国"的发展战略的确值得其他国家，特别是发展中国家借鉴和学习。

日本的教育投入不仅创造了经济赶超的奇迹，也创造了平等的"神话"。在20世纪六七十年代，日本经济逐步走出战争阴影，实现高度增长，与此同时，还实现了合理的收入分配格局。日本的居民收入基尼系数在20世纪60年代只有0.2左右，到20世纪70年代，还进一步下降到0.2以下，税后的居民收入基尼系数约0.18，实现了经济增长和良好收入分配格局的兼顾。

第二章 日本教育的形成与发展

日本教育的形成和发展经过了一段漫长的历史时期。本章分为古代的教育，奈良、平安时代的教育，镰仓至室町时代的教育，江户时代的教育四个部分。主要包括：日本各个阶段的教育特征、文教政策和具有代表性的人物的教育思想等内容。

第一节 古代的教育

一、原始社会的教育

（一）日本原始社会教育的发展状况

与世界上其他国家一样，在日本这片国土上，自从有了人类出现，就有了教育活动。但这时的教育与现今意义上的教育不同，它指的是"人为培养人所进行的全部行为"。日本经过漫长的原始社会发展，对青少年的教育形式和方法大致有以下几种。

①在家庭中，父母和其他成员与孩子们共同交流感情。

②在一般成年人和青少年的共同劳动、共同生活之中，成年人言传身教。

③青少年通过参加氏族举行的祭神仪式、祈求丰收的仪式、庆贺出战胜利的活动等，和同族成员载歌载舞，养成感恩神灵、祖先的意识，增强同伴意识。

④通过日本古代盛行的一种"元服式"可以推测，原始社会可能举行某种形式的成人式，通过这种仪式向即将成人的青年和其他青少年传授有关氏族神的禁忌、祭祀的体会、烦琐的训诫、忠诚于氏族和"氏上"的观念等。

⑤在有些地方，可能存在将青少年集合到一起的共同生活组织，如"若众宿"等。青少年在这种团体或组织中练习武艺，培养勇气和胆识，进行集体行动训练等。

（二）日本原始社会教育的特征

通过粗略考察远古时代日本人的社会生活，简要分析当时的教育发展状况，可知日本原始社会的教育具有以下两个重要特征。

首先，日本原始社会的教育是与日本人的生产、生活以及宗教活动等密切联系在一起的，青少年在与父母等长辈们共同劳动、共同生活的过程中，通过参加各种活动，学习生产、生活上必需的经验、技术、技能和精神素养、风俗习惯等。当时，没有学校这种有组织、有计划地实施教育的专门机构，没有固定的教育指导人员，教育内容包括生产和生活上的全部内容。

其次，由于当时还没有社会通用的记事符号（文字），也没有成文化的宗教典籍，所以年长一代直接通过语言兼用手教，将各种知识经验和技术技能等传递给下一代，青少年们通过记忆、模仿和实践来掌握有关知识和技术等，通过倾听长辈们讲述故事、歌谣和神话传说等来了解自己氏族部落的历史和习惯等。

二、圣德太子的教育思想及教育业绩

（一）圣德太子的教育思想

1. 以对人性的理解作为教育的出发点

受整个社会发展的影响，圣德太子在研究佛教思想的过程中，把对人性的理解作为出发点，从佛教思想当中寻求人的"存在"，这实际上也是为自己寻找一个心灵的归宿，也是圣德太子教育思想的起点。这一点，在其对佛教经典著作的注解当中可以明显看出来。

在圣德太子的教育思想当中，他还非常重视人际关系的管理，这一点与当时的社会环境有很大的关系，不同的社会阶层、不同的社会阶级矛盾的增多，是导致社会动荡不安的一个非常重要的原因。为了教育人们能够处理好人与人之间的关系，圣德太子也充分利用了佛教思想，在这一方面他根据大乘佛教的"菩萨行"提出了自利利他的思想，教育人们在处理人际关系时要慈悲为本，提倡菩萨行善、普度众生的精神。圣德太子主张的是世间众生人人都能成佛，实际上是希望通过这种思想来缓和社会矛盾，维护社会的稳定。

圣德太子把佛教看作教化民众的根本。在日本他曾经举办过多次讲经会、佛法会，撰写了《三经义疏》，他的教育思想主要蕴含在这部著作中。

2. 教育的必要性和可能性

圣德太子在《十七条宪法》中指出了教育的必要性和可能性。比如，"人鲜尤恶，能教从之""世少生知，克念作圣"，意思是世上少有大恶之人，只要教导他们，就能使他们顺从，作为受教导一方，要认识到世上少有生来便知一切的天才，应时刻思念做圣人之道。这"能教"与"克念"就是一个相互联系的教学过程。

圣德太子在上面两条中所说的不单纯是人教育人的意思。他深刻地认识到，世俗的人是邪恶的，与理想相去甚远。为此，他明确提出了克服邪恶、实现理想的方法，即《十七条宪法》第十条中说的，彼此"共是凡夫""相共贤愚，如环无端"，意思是说人都是凡夫俗子，有贤愚之分完全是相对而言的，所有的人只有谋求上进才能达到理想的境地。

归根到底，圣德太子要求人们"笃敬三宝"，把归依具有绝对价值的"三宝"看成人的形成的实践原点，因为佛法是至高无上的，是"四生之终归，万化之极宗"（《十七条宪法》第二条）。

3. 教育思想和他的政治理想的关系

圣德太子的教育思想并不是单独存在的，他的教育主张都蕴含在其政治理想当中，实际上是圣德太子政治理想的一部分。这是因为圣德太子首先是一个政治家，他的一切行为都是为维护自己的统治，实现自己的政治理想服务的。他把神、儒、佛三者有机地结合起来，形成了一套独特的宗教理论，通过宗教对人民进行教化从而达到实现其政治理想的目的。

（二）圣德太子的教育业绩

1. 推动了与中、朝两国的教育交流

圣德太子执政期间，日本与朝鲜的教育交流非常频繁，朝鲜教育的发展对日本教育的发展产生了重要的影响。他非常注重与朝鲜的教育交流，交流的内容主要是佛学思想和儒家思想，当然也包括其他文化方面的交流。教育上的交流，让圣德太子的教育思想当中形成了教育交流的理念，简单来说这不同于日本传统的封闭的教育理念，教育交流的理念强调的是开放与包容，是学习先进文化的一种体现。开放的教育理念，能够让日本吸收、借鉴先进的文化，推动日本社会的发展，这是他的这种教育思想形成的一个重要目的。

当时中国的隋朝在经济上强大、文化上先进，他认识到只有通过外交手段，加强日本与隋朝之间的经济文化交流，尤其是教育上的交流才能促进日本社会的发展。为此，圣德太子先后六次派遣唐使到中国进行文化交流和学习。同时，中国的私塾教育、科举考试制度等逐渐传入日本，对日本教育的发展产生了深远的影响。

2. 促进了本国儒学和佛学教育的发展

在圣德太子之前，日本的教育发展非常落后，教育主要面向的是奴隶主贵族和皇室成员，普通的自由民众很难获得教育的机会，严重制约了社会的发展和进步。圣德太子执政之后，为了促进教育的发展，尤其是促进儒家思想和佛学思想的发展，他开始注重教育的发展，并将教育作为促进儒家思想和佛学思想普及传播的一个重要手段。

在佛教初传入日本时，圣德太子做出了非常卓越的历史贡献，他是飞鸟时代著名的皇族、政治家，幼年就很聪明，自幼学习汉文，十四岁就参加同物部氏的斗争。受家庭和中国文化的影响，他致力于建立以天皇为中心的封建中央集权制，大力弘扬先进的中国文化，促进了佛教文化的发展。

圣德太子初入官场时，日本政局外忧内患。日本对于朝鲜半岛的控制力已较弱，新罗势力日显强大。公元562年，日本在朝鲜半岛的任那府被消灭，朝野震动。当时的形势：国内政治弊端显露、苏我氏权势日盛、部民制不适应生产力的发展、对朝战争失败。所有这些，使圣德太子意识到创新和适应时代的重要性。因此，圣德太子大力吸取先进的中国文明和中国文化。在佛教方面，圣德太子师从高丽僧人慧慈，潜心修习佛法。在道德方面，圣德太子在推古朝十二年（公元604年）设立《宪法十七条》，规劝日本国民"笃敬三宝"，立佛教思想为社会之根基，其目的是借助佛教之善力保卫国家，使佛教思想成为国家意志，并和国家意志相结合。他用具体的条文确立了佛教的地位。由于圣德太子通读佛经和中国的经典书籍，所以他能够广泛吸收华夏文明的精髓，以试图缓和日本的内部矛盾，建立中国式的日本天皇主义集权制国家。

《宪法十七条》中充分体现了佛教的理论思想。据此可以证明，圣德太子是从道德的高度，确立了佛教的地位。所谓"惩恶劝善"，是政治思想和佛教思想的结合。所谓"群臣百僚，无有嫉妒"，是确定了官员的行为规范。这样一来，就使佛教成为全国官员的行为守则和信仰基础。因此，在圣德太子执政时，佛教成为日本的国教，开始在日本的上层社会和贵族阶层传播。

由此可见，圣德太子对中国的佛教文化非常地向往和推崇。据《日本书纪》记载，推古朝十五年（公元607年），圣德太子派小野妹子带使团访华，求佛法。小野妹子出使隋朝时，在随行的翻译人员中，鞍作福利是《扶桑略记》中记载的最早传播佛教的司马氏后裔。后来，鞍作福利再任使团翻译时，留居中国未回日本。根据他本人的家庭背景分析，他之所以留居中国，与其潜心研修佛教有直接关系。在鞍作福利任翻译的使团之后，608年，隋朝的回访使节裴世清到达九州，圣德太子大悦，派人前往九州迎接，并于大阪建迎宾馆，欢迎隋朝来客。裴世清回国时，随小野妹子再次出访中国的人员中，有近一半是僧人，可见圣德太子重视佛教的程度。小野妹子带使团在中国逗留三百多天后回国，但留下了留学生和僧人继续学习，数十年后才回日本。这些人都是圣德太子执政时中日两国官方交流的人员，为日本的发展和中日文化交流以及佛教在日本的传播和弘扬做出了奠基性的历史贡献。

圣德太子从政之前，就已在家中以私宅形式建造佛像。一生都很重视佛教的圣德太子，在讨伐位于河内国涉川郡的物部守屋的城寨时许下宏愿，兴建寺庙和道场。战争胜利后，圣德太子先是建造了日本最早的道场——金光明四天王护国寺，后来又兴建了金刚寺、法轮寺、药师寺等大批寺庙。以圣德太子为表率，当时的各豪姓大族也竞相建立佛寺或出家。例如，推古朝时期建立的法兴寺，就是由大政治家苏我马子大臣建立的，成为日本较早的佛教文化传播中心。圣德太子作为推古朝的摄政王，醉心于佛教，不单建造佛寺，还亲自主持编纂《三经义疏》，为佛教和日本文化相融合奠定了基础。

据日本民间传说，圣德太子曾发愿，一定要往生（转生）西方极乐净土。所以，圣德太子离世后，妃橘大女郎于推古朝三十年（622年）奏请天皇，欲观圣德太子往生天寿国的情境。为此，还专门制作了绣帐，长五公尺，宽一公尺，称"天寿国曼荼罗绣帐"。所谓"天寿国"，即极乐净土。天寿国绣帐描述的就是圣德太子往生极乐净土的情境。在日本佛教史上，《天寿国曼荼罗绣帐》是日本最早的佛教画。它采用白、青、黄等颜色，在紫色绸缎布上刺绣了圣德太子往生极乐净土的情境，其画面美轮美奂，将圣德太子往生净土的情境描绘得如同梦幻一般。日本佛教界认为，《天寿国曼荼罗绣帐》将圣德太子往生净土的情境描绘出来，对净土宗在日本的传播和发展产生了很大影响。总之，在佛教初传入日本时，圣德太子为佛教在日本的扎根、传播和发展等各个方面，都做出了非常卓越的历史贡献。

3. 为日本私学的发展奠定了基础

圣德太子在位期间，鼓励开办私塾，以弥补国家在教育投入上的不足，并在遣隋使当中学习到了中国的私塾组织形式。此时，百济在学习的过程中仍然起到了非常重要的作用。当时的百济学问僧观勒来到日本以后，给日本带来了历书及天文、地理、遁甲（阴阳术）、方术（仙术）等方面的书籍，为了将这些知识留在日本，发展日本的文化，圣德太子选拔了大量的优秀的青年跟他学习，开启了日本私塾的先河。"渡来人"借助自己掌握的深厚的文化知识在日本开设私塾，同时也得到了圣德太子的大力支持。而这些被认为是日本确立师徒关系，有意识地进行教育的开端，专门的面向民众的教育机构开始出现。

私塾的出现，让日本教育进入了一个全新的发展时期，这标志着系统的教育机构开始出现，对于日本教育来说是一种巨大的进步。在圣德太子的支持下，除了"渡来人"之外，这些人的弟子在"渡来人"离开日本以后，也开始设立私塾，开设私塾逐渐成为一种风气，也成为日本教育的主要形式。

第二节 奈良、平安时代的教育

一、奈良时代的文化、教育政策

奈良时期和平安时期，通常合称奈良平安时期，是日本文化飞速发展的时期。在日本文化飞速发展的过程中，来源于中国唐朝的先进文化逐渐日本化，促进和推动了日本文化的快速发展。以日本天皇为代表的日本政府，为了吸取先进的唐朝文化，多次派使节到中国学习和交流。学问僧到中国以后，学习时间很长，主要在长安和洛阳等地钻研佛学。这些人不仅学习了大量的佛学知识，在生活和思想文化上也深受唐朝社会的影响。遣唐使在唐朝学了很多知识，回国后在政治、经济、文化等领域开始发挥所长。遣唐使带回日本的汉文书籍，对日本社会的政治、经济、文化起到了范本的作用。奈良平安时期的汉文藏书规模很大，如北部九州的大宰府，在当时是日本最有名的唐文化交流中心。

遣唐使来华结交了很多朋友，给日本带回了很多异国人才，在这些人才中，有的成了日本佛教文化史上非常重要的人物。例如，最早出现在《续日本纪》中的唐朝僧人道荣，在天平元年八月，被"拟从五位下阶，仍施绯色袈裟并物"，可见其身份之尊贵。当时，东渡到日本的僧人有四五十人，人数虽然不算多，但对日本的佛教和文化发展起到了重要的作用。例如，鉴真和尚对日本律宗的开创、对日本天台宗的发展，都起到了很重要的作用。再如，佛彻传来的佛教音乐林邑乐，后来演变为奈良时期的宫廷音乐。

派遣留学僧的活动，在平安后期就停止了。但是，这一活动的历史作用是无法估量的，影响极其深远。例如，遣唐使和留学僧从中国吸收的隋唐文化，为重构日本的本土文化充实了先进的外来资源，推动和促进了日本本土文化的快速发展。再如，留学僧带回的中国佛教及其思想，成为日本镇护国家的国教和思想宗旨，进一步充实、完善和发展了日本的佛教和文化思想。并且，大量的佛学书籍流传到日本，日本由此开创了诸多宗派，对后世的佛教发展产生了深远的历史影响。特别是净土三经以及相关注疏在日本的传播，奠定了净土宗开宗立派的基础，而圆仁推广的念佛法来源于净土宗派，比睿山僧人普遍修习，在日本佛教界广为流传，影响至深。

奈良时期，天皇作为最高统治者已开始重视儒家思想，但是，佛学思想仍处于很重要的地位，佛教依然是"镇护国家"之教，被用来提高天皇的权威，巩固中央集权，增强民众的统一意识。因此，奈良时期的佛教表现形式，主要是国家宗教，国家兴建了东大寺和国分寺以及 15 米高的毗卢遮那佛。为祈祷国家平安富强，天皇曾在东大寺念佛诵经。毗卢遮那佛的佛像也安立在东大寺，从而确立了以东大寺为中心的自上而下的佛教管理体系。

奈良时期的佛教宗派，包括三论宗、成实宗、法相宗、华严宗、律宗、俱舍宗，史称"奈良六宗"。因奈良在平安南边，故又称"南都六宗"。奈良时期的僧侣管理体制非常严格，僧人被禁止云游四方，而是以鼓励其研究佛学为主。受此影响，当时的日本僧侣主要集中在各自的佛寺中，形成了研习佛学的团体。所以，奈良时期的佛教宗派，实际而言，也可以说是以寺庙为主的佛学研究团体。

奈良时期的僧人参政现象比较普遍。僧人道慈回国后向天皇进言，遵循唐朝的律法制度，把佛教纳入国家政体，立佛教为国教。这种律法制度，对推动中国佛教在日本的政治体制和文化信仰中的渗透和融合，起到了非常重要的作用。称德女皇时期，僧人道镜因给女皇治病而深受器重，升任大臣禅师，后任法王。道镜权力达到顶峰时，其供奉同天法标准一样，弓削氏一门逐渐势重，并且，在其家乡修建由义宫。由此可见，日本奈良时期的佛教势力越来越强盛。当时，还有一位僧人玄昉，曾在唐留学，获准三品职位，回国后，深受圣武天皇喜爱，可以自由出入宫廷并参政。这说明，奈良时期的佛教和政治密不可分。当然，颇为著名的道镜和玄昉事件，也显现出日本的佛教参政有一定的弊端。日本在古时迁都较多，但是，因佛教原因导致迁都，足以证明佛教对日本的政治产生了很大影响。佛教成为日本的国教以后，僧人参政现象十分严重。日本皇室因佛教而迁都，主要有以下两方面的原因：一是寺院经济实体已经形成，且逐渐庞大，造成日本的经济发展严重不平衡，几近崩溃。二是佛教成为日本的国教以后，逐渐凌驾于日本的政治体制之上。因此，日本皇室不得不迁都，以躲避或抑制佛教的影响。平安迁都，就是为了躲避奈良佛教的影响，用新都城的势力抑制奈良旧庙的势力。再如，桓武天皇在迁都平安京之后，禁止擅自出家，禁止寺院经济再发展等，都是在抑制佛教的影响。但是，平安二宗的初创说明，日本皇室并不否定佛教，只是想让佛教和政治分开，企图削弱佛教对政治的负面影响。所以，这就保证了佛教在日本的传播和发展。后来，日本佛教在桓武天皇以后，逐渐脱离政治，开始独立，步入了良性的发展。

以上说明在这一时期，日本对从隋唐传来的佛教开始认识和吸收，日本皇室把佛教纳入律法制度，以及僧人参政等，推动了佛教的渗透，并对日本政治产生了很大影响。从当时的佛教学术来看，信仰色彩比较浓，而哲学思辨比较少，对佛教的学术研究尚不深入。

二、平安时代的文教政策

在平安时代，以宫廷为中心的贵族文化进一步走向繁荣，这在很大程度上有赖于对中国文化的模仿和吸收。但在平安中期以后，日本文化的各方面都出现了"国风化"倾向，这是对模仿、吸收的中国文化自觉地进行创新的结果。

平安时代前期，汉文学获得了很大发展，《凌云集》《文华秀丽集》和《经国集》等诗文集被编辑成册。平安中期以后，随着假名文字的出现，和歌、和文等发展起来。此外，女性文学获得了重大发展，紫式部的《源氏物语》、清少纳言的《枕草子》（又写作《枕草纸》）、和泉式部的和歌成为日本文学史上不朽的名作。

平安时代前期的书法也是模仿唐朝风格的，笔势雄浑有力。及至中后期，书法风格具有了独特性，以优美秀丽见长。

平安时代前期唐风文化盛行与遣唐使和留学生（僧）的贡献是分不开的。当时派出遣唐使有两次，即桓武天皇延历二十三年（804年）7月派出一次，仁明天皇承和五年（838年）7月派出一次，随行的留学生（僧）达37人（其中僧侣28人，俗人9人）。遣唐使的派遣中止后（894年），唐日间的官方交往中断，这使日本文化暂时进入了一个消化、自我成长阶段。平安时代中后期国风文化盛行与之不无关系。

平安时代，日本社会政治、经济及文化等的变迁，给教育的发展带来了巨大影响：①大学寮经过不断改革，其结构和职能发生了很大变化，即由以明经科（道）为中心的官吏培养机构演变成以文章道为中心、贵族子弟掌握社交上必备教养的机构；②以贵族子弟为教学对象的家学、私塾得到了很大发展；③僧侣教育、家庭教育、女子教育等也得到了发展。

第三节　镰仓至室町时代的教育

一、镰仓至室町时代的文化发展和教育政策

奈良、平安时代盛行的儒学是以五经为中心的汉唐古注，而在镰仓、室町时代，程朱之学（宋学、朱子学）的传播为日本的学问研究和教育揭开了新的篇章。

在镰仓、室町时代，公家贵族和僧侣创造了具有时代特色的文学和艺术。受平安时代的影响，和歌也极为流行。南北朝时期以后，和歌成了藤原定家子孙的家学，分为二条、京极、冷泉三家。镰仓时代末期兴起了另一种诗歌——连歌。十五、十六世纪，出现了一种俳谐连歌，江户时代的俳谐是在它的基础上发展起来的。

镰仓时期的佛教在日本佛教史上处于非常重要的地位，具有承前启后的历史意义。佛教初传入日本时，只在皇室和贵族阶层传播，到镰仓时期，逐渐走向普通民众。在学术上，佛教也不再以高深的教义和烦琐的修行以及严格的戒规为主，而是走向简单易行，修行方式开始越来越简单，为广大民众所接纳。从镰仓时期起，贵族式的佛教供奉减少，平民化的修行供养成为镰仓时期的主要特点。与奈良平安时期的贵族佛教相比，镰仓时期新的佛教宗派将普通民众作为对象，强调的是不分男女、不分贵贱的平等佛教。而独树一帜的净土宗派传教于下级僧侣、武士以及普通民众，使佛教的传播在日本迅速普及。大众救济的净土传教方式，既拥有了民众基础、推动了佛教的普及，同时也促进了个体的信仰发展。

佛教的发展不是呆板或者有局限性的，日本佛教的发展体现了佛学思想的兼容并包。汲取日本本土文化特色的佛教思想显示出日本佛教主体的主观能动性。净土宗派的僧人立足于自己的感悟弘传佛教，使日本佛教呈现出独特的民族性。从镰仓时期起，净土宗派成为日本民族佛教之代表，成为广大民众的信仰支柱，不仅促进了日本佛教的发展，对日本的社会政治和历史文化的发展也产生了深远的影响。虽然日本佛教最初是舶来的中国佛教，但是日本僧人加入本土化的元素发展佛教教义，形成了独具特色的日本佛教文化。

镰仓时期的净土宗派将教义简单化、修行易行化，注重个体意识。信众不局限于贵族，扩展到了平民。奈良平安时期是贵族佛教，镰仓时期则是平民宗教。以个人修行为主的净土信仰发展模式，使日本佛教千年来的发展更具生命力。

舶来的佛教文化，在经历了数世纪的发展传播后，在镰仓时期初具民族特色。而加入本土元素独立发展的净土宗派逐渐成为日本的普世信仰，影响至今。

公家贵族和僧侣是镰仓、室町时代的两支最主要的学术研究力量。与禅僧主要研究朱子学和汉诗文相比较，失势的公家贵族则主要研究日本的古典文学和古传仪式、祖先规制（"有职故实"）。镰仓时代是武家代替公家而掌握政治实权的最初时代，武士阶层的伦理道德尚处于形成阶段，所以镰仓幕府采取了一系列教化政策，以确立其统治秩序。在镰仓时代的教化政策中，最主要的是强调忠孝。

强调修炼文武两道是镰仓幕府教化方针的另一重要侧面。镰仓时代初期，幕府特别注重武艺。源赖朝曾指出，谱代须用心习练武艺。镰仓时代中期以后，幕府开始鼓励武士学习文化教养，提倡文武兼备。当时提倡的文武兼备是以武为主，以文为从的，这与实行武断政治是密切相关的。镰仓和室町幕府对庶民的教化没有明确的方针。

二、镰仓至室町时代的教育机构

（一）金泽文库和称名寺

金泽文库不仅存续时间长（其遗迹尚存），而且作为公开的文库在日本教育史上具有很大意义。金泽文库是设在称名寺内的文库，收藏北条实时抄写的古书和自宋输入的原版书以及绘画、文具等。北条实时去世后，金泽文库相继由北条显时（实时之子）和金泽贞显（实时之孙）管理，规模不断扩大。此后，金泽文库长期由称名寺管理，但是北条氏的灭亡使金泽文库和称名寺失去了强有力的保护者，因而二者均走向衰运。尤其是在经过南北朝时期和应仁年间的战乱后，金泽文库和称名寺受到严重损害，藏书大量散佚（部分图书被移至足利学校）。金泽文库在江户时代未得复兴，在明治时代曾被部分重建，但关东大地震时（1923 年 9 月 1 日）又遭破坏。1930 年 7 月，根据公立图书馆令，该文库被改为神奈川县立图书馆。

（二）足利学校

足利学校位于下野国足利庄（今栃木县足利市），是南北朝至江户时代以前日本关东地区的一个重要文化、教育中心。这里教学活动不断扩展，寺院规模逐步扩大，其内曾设有文库和医院（后来它们与寺院分离了）。及至室町时代初期，由于幕府的统治力量尚比较薄弱，加之关东地区频繁发生战乱，足利庄及其学校一直被搁置。足利学校真正复兴是在室町时代中期以后。足利学校成为日本关东地区的一所重要学府，甚至被视为全国的文化中心。

足利学校自被上杉宪实复兴以后，其教学内容则以汉学为中心。除汉学以外，足利学校还讲授佛典和国学书籍，这可从其藏书中得到证明。足利学校的教学是以"四书""五经"为主，又特别重视易学的教学。除此以外，足利学校还讲授医学、兵学（兵法、战略）和天文学。由此可见，足利学校确实是一所"有综合分科的大学"。

足利学校对学生的入退学的年龄和修业年限未做明文规定。入学资格不论僧俗贵贱，入学后即为出家（不愿出家者退学后可还俗）。学业修成后，有的学生"回归乡国，以其学教授乡人"，或者到地方寺院任住持僧，还有的到武将帷幕下充当顾问。因此可以说，足利学校不单是僧侣教育机构，在某种程度上还具有普通教育机构的性质。

江户时代以后，足利学校虽然在幕府的扶持下得以延续，但终因不适应时代发展的需要而衰落了。

（三）基督教学校

自室町时代末期至战国时代的 60 多年间，基督教得以迅速传播的原因是多方面的，但一个重要原因就是传教士为了彻底普及基督教而在日本各地兴建了许多学校，其中既有传授普通知识的初等学校，还有实施高等专门教育的学校。

基督教的耶稣会在建立初等教会学校方面的业绩比较突出，教徒的孩子在耶稣会直接经办的学校接受初等教育。这种学校一般教授读书、写字、宗教、唱歌和礼仪等，有的学校还教授拉丁文的读写方法和算术等。

在日本当时的基督教学校中，还有实施高等专门教育的学校。在这种学校，由多才多艺的传教士任教，其教学内容一般包括欧洲中世纪的神学、哲学等人文科学以及修辞学、逻辑学、数学和法学等，有的学校还教授天文学、葡萄牙语、拉丁语、西洋音乐、西洋绘画以及铜版雕刻法等。

第四节　江户时代的教育

一、江户时代的文教政策

江户幕府吸收镰仓、室町两代幕府在文化、教育上的经验教训，参考战国时代织田信长和丰臣秀吉的某些做法，并结合实际，制定了一系列的文教政策。

首先，沿袭丰臣秀吉执政时的政策，禁止基督教的传播。战国末年至江户初年，基督教的传播进一步出现了扩大势头。起初，德川家康为了保护和鼓励贸易，而对基督教的传播采取了默认态度，但是当其被告知旧教国西班牙和葡萄牙试图以传教士为尖兵侵略日本时，便开始采取禁教政策。通过破坏教会，驱逐传教士，强制信徒改宗；发布禁书令，下令除有关医药和航海方面的书以外一切洋书禁止传入日本；让人践踏基督教圣像来检查是否是教徒，一旦发现教徒即令其改宗，对拒不改宗者处以磔刑和炮烙等极刑；在全国范围内实施改宗制度等措施，江户时代的基督教基本灭绝。

其次，与严格禁止基督教相反，幕府对儒学采取了积极奖励政策。这一政策在德川家康奖励学问的方针中初显端倪，到第四代将军德川家纲执政时基本定形，此后一直延续到了江户时代末期。

再次，随着时代发展的需要并从实用目的出发，江户幕府对佛教、神道教、国学和洋学采取了消极性的限制发展政策。

然后，江户幕府在奖励学问、强调文道的同时，亦对武艺修炼采取了奖励政策。

最后，各藩的文教政策大体上与幕府的步调一致。各藩亦采取了奖励学问的方针，在武士教育上主要采用儒学，即朱子学。然而，也有一些藩并未照搬幕府的做法，而根据藩主的意志或藩儒的见识开展有特色的教学。除文道以外，奖励武艺亦是藩的文教政策中的一个重要组成部分。

二、江户时代的教育思想

江户时代是儒学、神道、国学等各种学术大发展的时代，出现了一批思想家和教育家，他们或者在公立的幕府学校、藩校中任教，或者开办私塾，根据各自学派的思想方针推进丰富多彩的教育实践，培养出了众多治国安邦、发展学术的栋梁之材。许多学者的遗著中包含着丰富的教育思想。但是，他们往往是从各自的世界观、社会观、人性观出发来阐述儿童观和教育观的，很少有人专门以教育本身为对象，对其进行学理性研究，所以当时缺乏系统性的教育理论学说。尽管如此，中村惕斋关于胎教和女子教育的见解，荻生徂徕和细井平洲从自然主义的立场出发提出的教育要尊重个性的观点，中根东里关于幼儿教育的独特见解，中江藤树、山鹿素行在教学上的自学自习说、练习说，都是有一定特色的教育教学思想，留给后世许多启迪。为了具体明了起见，这里仅对当时两位比较著名的教育思想家的思想做一阐述。

（一）熊泽蕃山的教育思想

熊泽蕃山（1619—1691）是日本阳明学鼻祖中江藤树的弟子。在蕃山的哲学思想中，"神道"是非常重要的概念。对此，学者们的看法并不一致。有赞扬其神道思想为"日本主义"者，如井上哲次郎说："（蕃山）可谓极尽赞美其神道……由此观之，蕃山乃日本主义者也。"亦有认为其本于儒学者，津田左右吉说："江户时代前半期，是指所谓的国学者神道说还未发起之前。此时的神道思想带有显著的儒教色彩。"王家骅说："林罗山、熊泽蕃山等儒学者，彻底涤除了以往神道理论的神佛儒三教一致论色彩，纯然以儒学特别是宋学的概念、范畴、理论武装了日本神道。"宫崎道生则对上述二说皆有认肯："蕃山的神道观受其师中江藤树影响甚大，且是蕃山在深刻的生活体验下逐渐形成的。其思想仍未脱离孔子的鬼神论、《易经》观卦中"神道'一词的束缚，结果也就被认为没有脱离儒学神道的领域。而另一方面，对于社家神道，他与林罗山等当时的儒者代表无异，皆采取相同态度，认可'巫祝'的神道一说。"宫崎道生认为，蕃山的神道思想既没有脱离儒学框架，又带有日本神道色彩。熊泽蕃山生活在江户时代初期。此时，多数儒者因为排佛，倾向于"神道"与"儒教"相结合。蕃山并没有直接肯定"神儒一致"，而是借助阐发《周易》，指出日本神道与中国儒道既同源，又有别。在他看来，"太虚之神道"即"易道"，日本神道源于《周易》。尽管蕃山的神道思想带有一定的宗教色彩，但因其对宋明理学多有吸纳，其"神道"既有抽象深奥的道理，又包含了个人与政治层面的道德要求，从而表现出鲜明的儒家理性主义倾向。他一生著述颇多，主要著作有《集义和书》《集义外书》《大学或问》《源氏外传》等。他没有专门论述教育的著作，他的教育思想散见于其学术著作之中。

熊泽蕃山主张对幼儿的教育不能过于严厉，只要创造良好的环境，就能使他们趋于善。他承认游戏的教育作用，认为幼儿的教育应首先从游戏开始。此外，熊泽蕃山关于"音乐和武艺要跟音律好的教师、武艺高强的教师学习，教师水平不高，弟子难以上进"的思想，关于"从其子易成时教起"的思想和"先学之子教后学之子""教学共益"的思想，都具有重要的理论意义。

他虽然没有亲自教授过门徒，但是他的教育思想，特别是他的学校论内容十分丰富。他的思想是江户时代兴盛时期形成的，从某种意义上说，是当时封建社会思想的本质反映，因而其中也存在着一定的阶级局限性，即对庶民的教育几乎没有论及。

（二）广濑淡窗的教育思想

广濑淡窗生于丰后日田（今大分县日田市）的富裕商人家庭，父亲与伯父均爱好俳谐，在当时皆有文名。淡窗的文学天资，受这二人的影响颇大。广濑家通过俳谐与当时各种文化人往来的文学环境，滋养了淡窗细腻的情感和出色的文学感受力。在爱好文学、历史的家庭环境的熏陶下，加之自幼体弱多病，淡窗一心专注于学习，形成了一种安静柔和、善于内省的个性。正如他在《自新录》中的自述："子性柔懦，当弱冠时，读老氏书，观其致柔守静之术，大符所好。于是二十年来行事，皆自此中来。如水益深，如火益热，其势殆不可救也。"从淡窗的性格来说，接受老子"主静贵柔，无为不争"的思想应该是很自然的。淡窗的学问奠基于青年时期在龟井塾的学习。16岁时，淡窗师从龟井南冥和其子龟井昭阳，虽然只是宽政九年（1797年）到宽政十一年（1799年）的短短三年，但是受影响极大。龟井南冥师从山县周南的门人永富独啸庵，而山县周南又是荻生徂徕的高徒，在此影响下南冥父子都是徂徕学的热心追随者。荻生徂徕提倡古文辞学，对中国古代的诸子学说有着广泛研究。淡窗之所以对老子产生浓厚兴趣，与其学派师承、家庭环境及柔和安静的性格特点密不可分，淡窗年轻时，倾心于诸子学的研究，尤其是老子和庄子之学，可以说这源于以南冥为中心的徂徕学派的影响。淡窗认为自己的学问基础始自诸子之学。安静柔和、善于内省的性格，加之青年时期学派师承的影响，使得提倡脱离尘境的道家思想对淡窗而言是极易亲近的。

淡窗一生中经历数次需卧床休养的大病，在其汉诗中他这样描述"近来渐悟南华旨，拟以逍遥养此身"，"幽居形影自相仍，夏日空齐冷似冰。终岁断腥兼断酒，一身疑俗又疑僧。斜风细雨千竿竹，周易阴符半夜灯。借问区区笼底鹤，仙山何处梦飞腾"。在愁苦的多病生活中，淡窗领会《南华真经》的意旨，向往以"鹤""仙山"为代表的道家仙境，可知淡窗以老庄思想的理想境地为自己心灵的依托，以道家的思想为自己修身养性的指导思想。他在《夜雨寮笔记》中自陈："予自幼多病，故努力追求养生，因老子是仙家之祖，为得养生之德，留心此书，于其旨觉颇有所得之处。"《六桥记闻》中也有"老子之书，尽养福寿之道焉"的记述，从中可知淡窗最初以道家之道修身养性，兼以养生。《逍遥游》是《庄子》的名篇之一，"逍遥"谓优游自得、安闲自在。此篇主旨是说"一个人当透破功名利禄、权势尊位的束缚，而使精神活动臻于悠游自在、无挂无碍的境地"。"以逍遥养此身"正是淡窗领悟到自己应当看破功、名、利、禄、权、势的约束，在家乡这偏僻乡野之地追求精神的解脱，成为逍遥自在之人。

道家淡泊名利、清静无为的思想使淡窗产生了对孤高脱俗的隐者生活的憧憬，并从中获得精神上的安宁。

淡窗既是儒学家，也是当时屈指可数的老庄学者。他撰写的《析玄》《淡密全集（中卷）析玄》）、《老子摘解》是江户时期老庄学的重要著作。《析玄》中分析了《老子》的主旨，肯定"玄"是一种存在，并将老子的玄旨归结为"制数"二字。"夫数者，有形所不免也。昼夜相代，寒暑相推，数在天者也。高岸为谷，深谷为陵，数在地者也。生必有死，兴必有亡，数在人者也。但人者有心，不与天地同科。故定数之来，随其行事而变。要在以道制之，若夫制数而不为数制，是五千言所以作也。"（《析玄》）昼夜、寒暑、高岸、深谷等天数、地数是人力无法企及的必然，而人数则根据人行为的不同使这一定数发生改变，此谓制数。制数的契机则是"无"，"无之为用，制数之道也""无能制数者何也，无之义广，然举要言之，则不有其有之谓也"。

淡窗将老子哲学中"无"的要素引入"数"的理论中，以"无"作为自己方法论的原则，深刻理解接受着老子的思想。《老子》三十七章曰"道常无为而无不为"，六十三章曰"为无为，事无事，味无味"，淡窗非常赞同老子清静无为、顺其自然的观点，他曾咏唱："高人栖隐处，水石澹清辉。屋老松生瓦，门闲鹤护扉。不知无事是，安悟有为非。日夕孤云起，前山送客归。"诗中"无事"即"无为"，以"无为"为"是"，以"有为"为"非"，不难看出老庄思想的痕迹。虽然淡窗一生的各个时期对《老子》的认识与评价，经历了从肯定到否定、从否定再到肯定的过程，但这恰恰表明淡窗对老子思想的理解是一个不断加深的过程。

广濑淡窗认为"教育人才乃善之大者"。他超脱一切名利荣达，以卓越的教育理想、深远的学识、崇高的人格，终生从事教育事业，其《卜居》中所述闲居之乐，既有山水天地间的自由畅快，亦有培养塾生、与乡邻交往等俗尘之事，淡窗的隐逸情怀从未脱离俗尘。他心中的"隐逸"关键不在环境，而在心境，正如其诗中所咏"暂喜一身闲，还愁群务聚。此心若无营，何处非乐土"。只要心中不被欲望所扰，即便身在朝市也有"闲""隐"的心境。再如"新秀数竿竹，偶当窗户间。幽人心自远，不必见南山"。即使住在车马往来的人境，只要心远离尘世就能获得淡泊宁静。淡窗的这一思想与东晋邓粲的"夫隐之为道，朝亦可隐，市亦可隐。隐初在我，不在于物"的隐逸思想相通。他认为真正的隐逸源于心，只要"心远"则不论身处何处都能不被世俗生活所束缚，保持精神的自由。

江户后期，幕藩体制开始呈现各种矛盾，幕藩财政困难、政风腐败，天灾人祸频发，武士贫困，农民生活困苦。嘉永六年（1853 年），美国黑船以炮舰威逼日本打开国门，更加速了幕府力量的衰退，可以说 19 世纪前期幕藩制度在内忧外患下风雨飘摇。受儒家"修齐治平"思想影响的淡窗完成著作《迂言》，该著作由"国本""君道""禄位""兵农""学制""杂论"六篇组成，以儒学的"经世济民"为目标论述各藩的藩政改革。他也曾接受邀请讲学，论诸侯政事，这些都是淡窗关心俗世的表现。

作为在乡间闲居教书的儒者，淡窗对国家、社会的命运有着独立敏锐的思考，他在能力范围内尽可能地完成自己的责任，这是将出仕和隐逸折中的方法，近似于白居易所谓亦仕亦隐的"中隐"的隐逸方式。在淡窗的引导下咸宜园培育了大量人才，活跃在教育、政治、经济、医学等社会各个领域，如长三洲（创立日本学制基础）、大村益次郎（创建明治时期兵制）、清浦奎吾（内阁总理大臣）等门人为明治维新后的人才培养和国家、社会构建做出了贡献。广濑淡窗关于人才教育的观点、关于教育内容的设想和关于学习进程的构想，都具有一定的近代色彩，对明治以后的新学制有一定影响。

第三章　日本学校教育的历史沿革

日本学校教育也经历各个阶段的历史发展逐步形成现在的成熟的教育体系，每个教育体系都有各自发展的特点和典型的教育课程。本章分为日本幼儿园教育的历史沿革、日本小学教育的历史沿革、日本中学教育的历史沿革、日本高等教育的历史沿革、日本师资培养教育的历史沿革五个部分。主要包括：日本幼儿教育的历史发展、幼儿教育分类和特点、日本小学教育的历史演进、小学教科书的编写与选用、中学教学的形成与发展等内容。

第一节　日本幼儿园教育的历史沿革

一、日本幼儿园教育的历史发展

日本幼儿园教育的发展大致可以分为创立（1872—1926年）、发展（1926—1989年）以及成熟（1989年至今）三个阶段，这三个阶段幼儿园教育均具有时代的特点。

从1872年《学制》颁布到1926年4月日本政府颁布《幼儿园令》为日本幼儿园教育发展的创立时期。这一时期，日本幼儿园教育理念、教育制度、教育方法均从西方国家引进，并在不断进行本土化的探索。《幼儿园令》的颁布标志着日本幼儿园教育成为教育体系中独立的教育阶段，幼儿园成为独立的教育机构。

从1926年《幼儿园令》颁布到1989年《男女雇佣均等法》颁布，是日本幼儿园教育的发展时期。这一时期又必须分为两个阶段：战前阶段及战后阶段。战前阶段，20世纪30年代初的经济危机及其后的对外侵略战争，实际上打断了日本幼儿园教育的发展进程。战后才又恢复这一发展进程。在《男女雇佣均等法》颁布之前，日本家庭的学龄前儿童养育、教育很大部分是由母亲也就是所谓的专业主妇承担的，所以，很长一段时期内，学龄前儿童入园的比例不高。

而《男女雇佣均等法》的颁布，为女性生育后继续工作创造了良好的条件，使女性继续工作的比例大幅度提高。这就使保育园、幼儿园必须承担原本由专业主妇承担的学龄前儿童养育、教育职能，从而使全面发挥保育园（3岁以下）、幼儿园（3～6岁）的育儿支援功能成为政府重要的政策课题，加速了学前教育体系的成熟完善。所以从《男女雇佣均等法》颁布迄今，大致可以作为日本幼儿园教育发展的成熟时期。

（一）创立时期（1872—1926年）

1871年，文部省大辅田中不二麿负责考察欧美教育制度。在考察欧美教育时，他被欧美刚刚兴起的幼儿园教育吸引，认识到幼儿教育的重要性，在回国后的报告书《理事功程》中，将德语 Kindergarten 一词翻译为"幼儿园"，对英国、德国、法国等欧洲国家的幼儿园进行了介绍。

1876年11月16日，日本第一所真正意义上的幼儿园——东京女子师范大学附属幼儿园开园，它是日本根据福禄贝尔教育思想设立的一所幼儿园。

1879年，明治政府颁布《教育令》。《教育令》区分了幼儿园和小学，1880年12月修订《教育令》，把幼儿园的设置、废止、认可纳入《教育令》中，到1880年，日本共有5所幼儿园（国立1所、公立3所、私立1所），入园幼儿426人。1881年1月，文部省制定了《府县立学校幼儿园书籍馆等设置废止规则》，规定了幼儿园的设置位置、建筑物略图、应有面积等。

1884年，文部省发出了禁止学龄前幼儿进入小学的规定，要求学龄前幼儿进入幼儿园，但是当时以发展小学为首要任务，幼儿园的设置并未能跟上。到1885年，日本全国也只有30所幼儿园（国立1所、公立21所、私立8所），入园幼儿1 893人。1887年幼儿园数也未超过200所，当年小学一年级入学的新生中，只有1%的人受过幼儿园教育。

随着幼儿园数量的增加，要求幼儿园制度化的呼声也日益高涨，文部省在1890年的《小学校令》中，提到了有幼儿园相关规则，但没有制定与幼儿园相关的专门法令。1899年6月，为响应幼儿园制度化的社会舆论，文部省出台了《幼儿园保育及设备规程》（以下简称《规程》），对幼儿园的编制、组织、保育项目等做出了规定。《规程》明确规定，幼儿园以3～6岁的幼儿为保育对象；其中关于建筑设施部分，规定幼儿园建筑为平房，拥有保育室、游戏室、职员室等，保育室面积每4名幼儿不得小于1坪，游园（户外活动场）每名幼儿不少于1坪等。这一《规程》是根据1890年的《小学校令》，以满足《小学校令》

施行所需要的配套规程而制定的。在此之前，幼儿园设置基本上都以东京女子师范学校附属幼儿园园则为参照，《规程》则是首次以法律规定的形式规范幼儿园及其教育，具有重要意义。

1900年，《小学校令》修订，允许小学附设幼儿园。同时制定的《小学校令施行规则》将前一年颁布的《幼儿园保育及设备规程》纳入，确定幼儿园设园长。1907年日本将义务教育从4年延长至6年，市町村教育财政紧张，专注小学的扩张而无暇顾及幼儿园的发展。之后，公立幼儿园设置速度放缓，私立幼儿园有了显著的发展。1909年，日本私立幼儿园数超过了公立幼儿园数，1912年私立幼儿园420所，国立幼儿园2所，公立幼儿园243所。1911年《小学校令》部分修订，给了幼儿园设立者更大的自由度。1926年《幼儿园令》颁布，《规程》内容也基本未变，直到1947年《学校教育法》颁布。

（二）发展时期（1926—1989年）

日本幼儿园数量迅速扩张的第一阶段是从《幼儿园令》颁布到1930年经济危机之前，《幼儿园令》大大促进了日本幼儿园教育的发展。1930年，日本幼儿园数比1920年翻了一倍。日本幼儿园数量迅速扩张的第二阶段是战后经济恢复时期，特别是20世纪60年代到80年代初，1980年日本幼儿园数比1960年又翻了一倍。

以《幼儿园令》颁布为契机，日本幼儿园教育进入大规模发展时期。这一阶段因为第二次世界大战，又大致可以分为战前战中时期以及战后时期。

1926年4月，日本最早关于幼儿园的政府法令《幼儿园令》颁布。幼儿园教育被定位为："使幼儿身心健全发育，涵养善良性情，特别是补充家庭教育。"该法令明确了幼儿园的目的、招生范围、保育项目、保姆及园长的资格要求。《幼儿园令》规定，幼儿园设置者为市、町、村，市、町、村学校或者个人，由地方行政长官进行设置认可。小学可以附设幼儿园。幼儿园园长及教师（保姆）原则上为具有保姆资格的女性。

在《幼儿园令》发布后，到昭和初期，以城市为中心的幼儿园数量大增。

从1941年起，由于战争的原因，幼儿园作为托儿所使用，战时无法顾及幼儿的教育，转而以保育为主，保育时间延长。战时体制下社会生产需求增加，父母都工作的家庭的幼儿可优先入园。受到空袭的地方，幼儿园、战时托儿所都处于关闭状态，到1945年，486所幼儿园被废止。

第二次世界大战以后，1947年，日本《学校教育法》颁布，幼儿园作为正规学校体系的一环，具有独立的地位。《学校教育法》明确了幼儿园的目的、目标，设置、废除的手续的原则；确定了幼儿园的设置主体为国家、地方公共团体以及学校法人；确定了院长及教师的资格证书、资格等相关原则，将原有"保姆"的名称改为与中小学一致的"教谕"，并规定了园长、教谕的职责。

战后经济恢复期，日本出现出生高峰及核家族化倾向，社会上对幼儿教育的认识逐渐加深，所以幼儿进幼儿园的需求也增加。1949 年以后，日本幼儿园数量迅速增加，1952 年到 1957 年，每年以 400 ～ 900 所的速度新增。到 1962 年，幼儿园有 7 520 所，入园幼儿 855 909 人，入园率达到 33%。就地区而言，香川县入园率达到 79.7%。

1956 年《幼儿园教育要领》发布。同年 12 月，日本根据《学校教育法》第三条的规定，制定了《幼儿园设置基准》（以下简称《基准》）。《基准》对园舍要求、园舍配置、场地面积做了规定，以此作为幼儿园设施、设备建设的基准。民众对幼儿园设施的需求，催生了政府对幼儿园设施规范化的制度保障。

为了进一步普及幼儿教育，1964 年、1972 年日本文部省颁布了两次幼儿园教育振兴计划：第一次为 1964—1970 年，主要目的在于促进 5 岁幼儿入园；第二次为 1972—1981 年，主要目的是促进 4 岁、5 岁幼儿入园。

（三）成熟时期（1989 年至今）

日本幼儿园发展的第三阶段在经济高速增长时期，同时也是"泡沫经济"时期，特别是《男女雇佣均等法》颁布前后。原本在家照顾幼儿的女性进入职场的越来越多，幼儿园入园需求持续增加，对幼儿园建筑设施的要求也不断提高，幼儿园教育发展的成熟时期来临。因为日本社会少子化的进展，幼儿总人数下降，这一时期幼儿园的发展所表现出来的不是幼儿园数量的扩张，而是幼儿园入园率的提高以及幼儿园教育内涵的提升。日本的幼儿园数量在 1990 年达到峰值，其后在逐渐减少。

随着《男女雇佣均等法》的实施，以大城市为主，日本双职工家庭越来越多。一方面，幼儿园入园儿童持续减少，另一方面，又有大量希望入保育园却无法入园的儿童。出现这种状况的原因是，保育时间 8 小时以上的保育园数量不足，而保育时间仅为 4 小时的幼儿园，因保育时间太短又无法满足家长需求。2006 年，日本出现了利用已有设施，运行兼具幼儿园教育功能和保育所保育功能的幼保合作认定儿童园。

经过两次振兴计划，1990 年日本 5 岁幼儿入园率达到 94.6%，4 岁幼儿入园率达到 89.9%，但是 3 岁幼儿的入园率仍然较低，不到 50%。1991 年，日本文部省开始实施第三次幼儿园教育振兴计划（1991—2001 年），进一步普及幼儿园教育，促进 3 岁幼儿入园。三次振兴计划的实施基础，是有足够数量的高质量幼儿园。

日本社会的核家族化、少子化、都市化、信息化的加剧，导致幼儿及其父母所处的各方面环境也发生了显著的变化，这些变化给幼儿的生活带来了很大影响。比如由于社会上恶性事件增多，幼儿在社区里与伙伴玩游戏的机会少了，在家也没有了与兄弟姐妹交往的经验，同龄幼儿"人际交往"的机会少了，交际能力有所下降，与自然接触的机会也少了。

父母方面，由于育儿家庭家族化，父母育儿也没有人商量，育儿经验缺乏，育儿信息匮乏，育儿成为一件孤立无援的事情。在这样的背景下，幼儿园必须承担起改善这种局面的责任，幼儿园不仅要为幼儿提供良好的教育环境，还要为幼儿父母提供育儿帮助，幼儿园的功能亟须加强。为此日本社会出现了很多与幼儿园建设相关的研究课题，幼儿园设施研究更多考虑了幼儿的使用体验，包括生活体验、成长体验。

幼儿园同时应作为社区育儿支援中心，为核家族化背景下的幼儿家长提供育儿指导。在提倡社会、家庭共同育儿的理念下，幼儿园也应敞开自己的大门，为家长、社区提供交流互动场所。

基于这样的背景，在普及幼儿园教育的同时，提高幼儿园教育质量就成为日本教育行政部门的重要政策课题。日本幼儿园教育质量提升决定于两个方面的因素：一是幼儿园的教育理念以及教育内容、方式、方法；二是实现幼儿园教育的理念、展开高质量教育教学所必需的教育教学条件。

二、日本幼儿园教育机构的分类

在日本，主要的学前教育机构为幼儿园、保育所、认定儿童园等。

（一）幼儿园

根据日本《学校教育法》设立的幼儿园，由文部科学省管辖，是日本学校教育体系中，招收 3 ～ 6 岁幼儿，对幼儿进行保育、为幼儿健康成长提供适当的环境、助力幼儿身心发展的教育机构。根据设立者不同，幼儿园可以分为国家设立的国立幼儿园、地方政府（日本习惯称为"地方自治体"）设立的公立幼儿园，以及私立幼儿园。私立幼儿园又可以分为学校法人设立的私立幼儿园以及社会福祉法人、宗教法人乃至个人设立的私立幼儿园。

日本幼儿园已经有近一个半世纪的历史。随着日本社会现代化进程的推进，日本幼儿园借鉴引进西方幼儿园教育的理念、制度，逐步确立了具有日本特色的幼儿园制度。在经历了 20 世纪 20 年代所谓大正自由教育运动期间的发展，以及第二次世界大战期间的挫折，第二次世界大战以后随着经济的复兴，日本幼儿园教育不断发展。特别是进入后工业化时代，在《男女雇佣均等法》、少子高龄化的影响下，幼儿园教育与时俱进，呈现出更加丰富多彩的特色。

而日本幼儿园建筑也经历了一百多年的发展变迁，在幼儿教育引进日本之初，模仿西方国家幼儿园的建筑是其明显特点，其后，在日本不同时期经济社会发展水平以及幼儿教育思潮、政策的影响下，不同时期的幼儿园建筑呈现不同的特点。进入后工业化时代，环境育人的理念成为幼儿园教育的核心理念，在这一理念的指引下，日本幼儿园的建筑设施发生了一些变化，而这些变化对我们思考我国幼儿园建筑设施具有一定借鉴意义。

日本幼儿园建筑设施有着很长的发展历史，在长期的发展过程中积累起了一些有益的经验。特别是 20 世纪 90 年代后期，日本在幼儿园建筑方面的创新，产生了国际影响。许多优秀的幼儿园建筑案例，成为国际教育界津津乐道的话题。日本幼儿园建筑设施的法律法规、政策措施，对我国幼儿园建筑设施相关法律、法规、制度的完善具有参考价值；而日本不同地区、不同类型幼儿园建筑设施的优秀实践案例，对我国幼儿园建筑设施的发展也有启示作用。

（二）保育所

作为儿童福利设施的保育所，是根据《儿童福利法》设立的。"保育所是以有必要保育的婴幼儿为对象，以代保护者进行日常保育为目的的设施"，由厚生劳动省管辖。保育所主要发挥对婴幼儿的保育职能，属于社会福祉事业，法律基础为《儿童福利法》，归厚生劳动省管辖，其目的是"接受监护人的委托，为需要保育服务的婴儿或幼儿提供照料托养"，接收因家长就业或疾病等原因而需要保育服务的 0～6 岁婴幼儿。综上，日本幼儿园和保育所职能不同、性质不同、所属行政单位不同，但是接收的幼儿年龄层有重叠的部分。近年来，随着社会环境的变化，日本保育所和幼儿园在功能上越来越趋向于一体化，共同承担幼儿的保教服务。

（三）认定儿童园

为了解决保育所数量少，幼儿入托难，而幼儿园保教时间短，不能满足家长需求的问题，2006 年，日本开始出现一种新型的学前教育机构——认定儿童园。

认定儿童园，具有幼儿园、保育所两种机构的长处，成为将幼儿园教育与保育所的保育合为一体的学前教育机构。认定儿童园"作为培育义务教育以及其后教育的基础的机构，整体性展开对 3～6 岁幼儿的教育以及对有保育必要的幼儿的保育，在为这些幼儿提供健康成长的环境、助力幼儿身心发展的同时，对家长展开育儿支援"。

随着《男女雇佣均等法》的实施，以大城市为主，日本双职工家庭越来越多。一方面，幼儿园入园儿童持续减少，另一方面，又出现了大量希望入保育所但又无法入园的儿童。出现这种状况的原因是，保育时间 8 小时以上的保育所数量不足，而幼儿园保育时间太短又无法满足家长需求。利用已有设施，运行兼具幼儿园教育功能及保育所保育功能的幼保合作认定儿童园，有助于解决上述问题。

认定儿童园有四种类型：一是幼儿园与保育所合为一体的幼保合作认定儿童园；二是经认定的幼儿园具备保育所功能的幼儿园型认定儿童园；三是经认定的保育所具备幼儿园功能的幼儿园型认定儿童园；四是根据都道府县认定基准认定的认定儿童园。

三、日本幼儿园教育的特点

（一）日本幼儿园教育的特色

幼儿园、保育所、认定儿童园的差异如表 3-1 所示。

表 3-1　幼儿园、保育所、认定儿童园比较

比较内容	幼儿园	保育所	认定儿童园
管辖部门	文部科学省	厚生劳动省	内阁府
定位	教育设施	福利设施	因园而异
对象年龄	3～6 岁	0～6 岁	0～6 岁
标准保育时间	4 小时	8～11 小时	4～11 小时
保育费	因园而异	根据家庭收入，由地方自治体确定金额	
保育者资格	幼儿园教谕	保育士	保育教谕 幼儿园教谕 保育士

（二）幼儿园教育财政投入

1. 统一财政经费投入方式

日本自 2015 年 4 月开始实施育儿支援新制度，创设了"给付费"的方式，

统合幼儿园教育财政经费的支付途径，建立了全国统一的费用标准，对三大园所及其他保育机构实施统一的经费投入方式。育儿支援制度改革后，所有幼儿保教机构均直接与婴幼儿监护人签订协议，并由监护人直接向保教机构支付费用，同时地方政府以"给付费"的形式补充"公定价格"剩余部分支付给幼儿教育机构，由此幼儿保教机构与婴幼儿监护人之间形成直接契约关系，统一了日本幼儿园教育财政经费的支付途径，有效地控制了财政支出。

2. 实行幼儿园教育全免费

日本幼儿园教育的入学费用主要根据幼儿年龄和家长的收入征收，公立机构的学费平均每月 2 万日元左右（约 1 200 元人民币），私立机构的学费平均每月 4 万日元左右。相比于日本免费的义务教育和低学费的公立高中，幼儿园教育的费用对于低收入家庭和多子家庭而言仍是一笔不小的支出。为确保 3 ～ 5 岁学龄前幼儿有充分的入园机会，日本实施了入园奖励费补助金制度，为公立或私立幼儿园的低收入幼儿家庭减免学费。如今，日本提出了幼儿教育全免费的政策，该政策几乎惠及了日本所有的婴幼儿，支持范围也实现了从低收入阶层到双职工家庭再到社会全体幼儿的转变，减轻了所有育儿家庭的费用负担，提高了日本幼儿入园（所）的比例。

（三）日本幼儿园环境教育特点

日本幼儿园教育包括健康、人际关系、环境、语言、表现五个领域的课程目标和内容。日本的环境教育更注重幼儿与大自然的接触和亲近，体现了以人为本、以孩子为中心、以学生为主体的教育理念。

1. 充分利用自然环境的资源为幼儿提供活动内容

（1）精心布置和利用园所中的花草树木

日本幼儿园根据自身园所的地理环境特点，精心布置每一寸可以利用的场地，有目的地种植各种花草树木。这些植物不仅为孩子们活动时的游戏提供了需要及灵感，而且还能随着天气及季节的变化，使幼儿随时感受到这些植物的生长、交替，丰富他们的生活经验。粗壮的树干可以挂上秋千，孩子们也可以借助梯子爬上树干采摘叶子和花果。除此之外，各种各样的树叶、草叶，颜色艳丽的花朵也可能成为孩子们玩耍的道具。

（2）身边的小生命和饲养的动物

日本幼儿在园有大量的自由活动时间，除了利用已有的设施玩耍和探索外，搜寻有趣的事物也成为一项非常有趣的活动。他们可以在杂乱的草丛中发现一些不知名的小生物，也可以与园中饲养的小动物们亲密接触。另外，大班的幼儿还可以和教师一起负责打扫畜舍、饲养小动物及带其外出散步。这也是对幼儿施加关心、体谅他人的教育。亲近这些可爱的小生命，可以给孩子幼小的心灵带来对生命探究的兴趣。幼儿对生命有了深切的感悟，心灵受到了洗礼和震撼，了解了生命的价值和存在的意义，他们才会由衷地尊重自然的每一个生命。

（3）毫不起眼的沙、土、水

日本幼儿园的室外场地几乎都是沙土地，这种沙地有其独特的作用。沙地安全性强，可以起到很好的缓冲作用，保护幼儿，减轻游戏时的意外伤害，而且渗透性强，下雨后能够很快恢复使用。另外，沙土是孩子很好的游戏材料，他们可以发挥想象力用来塑形、建构，也可以利用一些小土坡攀爬、锻炼身体。日本幼儿园一般在沙土地旁边设有水池，为的就是方便幼儿在尽情玩耍之后清洗身体并换上干净衣物，也可以利用水进行游戏活动。夏天时，很多幼儿园也会设置游泳池让孩子在其中戏水、玩耍。

2. 善于提供简单自然的游戏设施为幼儿创造活动环境

半结构化的游戏设施和材料更容易使幼儿开动思维，发明出更多更有意思的游戏活动，既锻炼了幼儿的观察、思考能力和主动性，也能使有限的资源发挥无限的功用。

（1）木质材料的广泛运用

日本幼儿园崇尚幼儿与大自然的充分接触，因此木质材料也成为幼儿园环境设施中的主要角色，如秋千、木桩、独木桥、木桌椅等。

（2）各种活动设施和器材的灵活搭配与结合

幼儿在自由活动的时间里，可根据需要自由选择游戏设施与器材，或是发挥想象力自由组合。例如，在坡度较缓的滑梯上骑三轮车，踩着滚轴过云梯，用各种布板和轮胎搭桥，用木棒或扫帚在沙地上作画，在注水的沙池里骑小车，等等。可见孩子们的思维有多么的丰富和多样，这也有赖于成人为孩子提供这样一个可以尽情发挥的空间。

3. 巧妙利用废旧材料为幼儿提供活动材料

我们平常随处可见的废旧材料，如轮胎、绳子、木板、纸箱、塑料瓶等亦可以作为游戏器材，不仅有利于培养幼儿的环保意识、想象力、创造力，还可以培养他们对周围事物的兴趣。

四、日本幼小衔接演进

（一）政策演进

自明治维新以来（除"二战"外），日本政府一直十分注重出台各项改革政策来促进教育的进步和发展。这使得日本的教育长期以来一直走在亚洲各国的前列，与西方许多国家相比，也处于发展较快的行列。在推动幼小衔接的过程中，日本也发布了一系列的政策，多体现在政府的教育报告书、告示文件、审议会答申等方面。从1971年中央教育审议会首次在答申中明确提及幼小衔接以来，日本多次在21世纪之前出台的相关政策中强调幼小衔接的重要性。

进入21世纪之后，幼小衔接成为日本日益重视的教育议题，日本政府在幼儿园教育改革政策中频繁提及幼小衔接的重要性，更具体地提出多项幼小衔接策略，推进与落实幼小衔接工作。根据不同时期日本幼小衔接的主题，将从2000年至今的幼小衔接相关政策划分为以下两个阶段。

1. 帮助幼儿适应小学阶段（2000—2008年）

在这一阶段，针对幼儿无法适应小学的情况，越来越多的人认为从幼儿园到小学的过渡时期有必要加强指导。为了帮助幼儿顺利过渡到小学，在义务教育及后续的教育中能更高效地学习，除了使幼小教育内容保持一贯性外，更要在日常教育活动中实现幼小之间的实质性交流与合作。这一时期，与幼小衔接相关的教育政策多侧重通过加强幼小衔接帮助幼儿适应小学，达到顺利衔接的目的，在举措上多集中在促进幼小儿童间、教师间、家庭间的交流与合作上。

在2000年实行的《幼儿园教育要领》中，专列了有关幼小衔接的条款，即"幼儿园教育要为小学以及小学后的生活、学习奠定基础""进一步引起日本国内对幼小衔接的重视"。2001年2月，"振兴幼儿教育的调查研究协力者会议"在向文部科学省提交的调研报告《面向幼儿教育的充实——幼儿教育振兴计划（暂称）》中指出，在符合各个年龄阶段特征的基础上，要让幼儿、儿童或学生跨越不同学段间的台阶，顺利地进行过渡，特别重要的是帮助幼儿顺利过渡到小学，形成一贯教育。同时该报告还指出了幼小双方在交流、合作上的不足，提出应加强幼小教师之间、幼儿与儿童间、家长之间的交流，增加幼儿园和小学教师资格许可证通用的机会。在此基础上，文部科学省明确制定了综合性的实施计划《幼儿教育振兴计划》（2001—2005年），推进幼儿园和小学的合作。

随着"小1问题"事态的扩大，人们越来越关注幼小衔接，文部科学省指定的研究开发学校和地区教育委员会开始进行幼小衔接研究，并着手相关调查研究，获取了大量关于推动幼小衔接的举措的一手资料。受这些政策的推动，除了研究开发学校外，一般的公立学校和幼儿园也开始尝试采取措施推进幼小衔接。

2005年1月，中央教育审议会向文部科学大臣提交咨询报告《关于适合环境变化的今后的幼儿教育的应有现状——为了儿童的最佳利益》，作为中央教育审议会第一次就"幼儿教育的发展方向"问题提交的报告，其指出了充实幼儿教育的具体方案，从确保幼儿的发展和学习连续性的观点出发，要求改善和强化幼儿园教育与小学教育的衔接。《基于孩子周围环境的变化：关于今后幼儿教育的应有现状》延续与发展了《幼儿教育振兴计划》（2001—2005年）在幼小衔接上的基本观点，提倡幼儿生活、发展和学习的连续性，整合多方力量推动幼小衔接。基于上述的咨询报告，2016年10月，文部科学省又发布了新的《幼儿教育振兴行动计划》（2006—2010年）。可以说，《幼儿教育振兴行动计划》秉持（《基于孩子周围环境的变化：关于今后幼儿教育的应有现状》的基本精神，在加强幼小衔接方面有了延续和拓展。

2006年12月日本政府在新修订的具有"教育宪法"性质的《教育基本法》中，首次追加了"幼儿期的教育"的内容，即第11条明确规定幼儿教育对终身个性的形成具有重要奠基作用，国家和地方公共团体应努力通过提供有利于幼儿健康成长的良好环境及其他适当的措施来促进学前教育的发展。幼儿时期是培养扎实的基础能力、思考力、问题解决能力的重要时期，幼儿园教育是学校教育的开端。在此基础上，2007年6月新出台的《学校教育法》第22条进一步明确幼儿园教育的目的是为义务教育及后续的教育奠定基础，并再次强调幼儿园、家庭与社区加强合作的重要性。新修订的《教育基本法》和《学校教育法》为幼儿教育的改革和发展奠定了坚实的法律基础，也让日本实施幼小衔接的相关举措有了可以依循的法则。遵照《教育基本法》《学校教育法》的精神，2008年3月文部科学省在新修订的《幼儿园教育要领》中明确将幼儿园与小学的交流纳入其中，《小学学习指导要领》则明确提出小学应当与幼儿园、保育所进行交流与合作，将幼小衔接扩展为保幼小衔接。

2. 实现教育的连续阶段（2009年至今）

在通过采取多种举措帮助幼儿适应小学的基础上，进一步强化幼小衔接课程的编制，实现教育的连续性，是近年来以学力政策为首的教育改革措施之一，同样也成为当前日本幼小衔接相关政策中着重强调的部分。2008 年之后，在文部科学省每 2 年举行一次的全国范围内幼儿教育实态调查中，"幼儿园与小学交流合作编制教育课程"这一调查项目首次纳入其中。

2010 年，文部科学省在发布的《关于幼儿期教育与小学教育的顺利衔接的应有现状》报告中，将幼小教育目标设定为"培养基础的学习能力"，强调幼小教育的连续性、一贯性，明确指出从幼儿期的"学习萌芽时期"顺利过渡到儿童期的"自觉学习时期"的重要性。在推进幼小衔接的举措上，报告提出要建立衔接体制，提高教职员工的素质，加强学校与家庭、社区的合作等，特别强调了从教育目的、教育课程、教育活动三个角度构建幼小衔接课程体系。

2015 年，文部科学省、国立教育政策研究所和教育课程研究中心联合制作了《开端课程开始书：从学习的萌芽到自觉的学习》，明确指出小学教育不是从零开始，幼儿学习也不是从小学入学开始，而是从幼儿教育开始的。学校要基于幼儿在幼儿期的学习经验开展小学教育，编制适当的教育课程将两个阶段的教育衔接起来，推进全国幼小衔接课程的编制与实施。

2016 年中央教育审议会在《关于幼儿园、小学、中学、高中及特别支援学校的学习要领等的改善及必要的方案等》中，视幼儿教育为小学以后的教育或终身教育的基础，明确了 5 岁幼儿在结束学前教育时的具体姿态，并与小学共享这一幼儿姿态，推进教育的衔接。这些衔接的内涵主要包括如下几个方面。

健康的心灵和身体——在幼儿园的生活中，带有充实感与满足感地、全身心投入地做自己想做的事情，要有预见地行动，自己创造健康安全的生活。

自立心——积极参与身边各种各样的活动，意识到自己必须要做的事情，发挥自己的力量去思考、想办法，通过坚持不懈地完成某件事来体会成就感，有信心地去行动。

合作性——在和朋友交往的过程中，可以共享彼此的想法，为了实现共同的目标，一起思考，一起努力，一起合作，以充实的心情去完成。

道德性和规范意识的萌芽——在和朋友相处的过程中，明白该做的事和不该做的事，和朋友产生共鸣，站在对方的立场想问题。另外，懂得遵守规则的必要性，能调整自己的心情，和朋友相处的同时，制定规则，遵守规则。

与社会生活的关联——能够珍惜家庭，与身边的人积极交往，认识到多样的人际关系，学会体谅他人，体会助人的喜悦，亲近地域内的人。另外，在幼儿园内外等各种各样的环境中，能在游戏和生活中获取、判断、传达、灵活运用信息，爱护公共设施，有意识地与社会生活建立联系。

思考力的萌芽——主动关心身边的事物，感受事物的性质和结构，在注意、思考、预想和钻研过程中，享受各种各样的乐趣。在与朋友进行交流的过程中，意识到自己有不同的想法，并能自行判断、重新思考，一边体味产生新想法的喜悦，一边让自己的想法变得更好。

与自然的关联、尊重生命——通过接触自然获得丰富的体验，感受自然的变化，带着好奇心或探究心，用语言表达自己的想法，随着对身边事物兴趣的高涨，对自然产生热爱和敬畏之情。同时，与身边的动植物触动时，意识到生命的宝贵，能以珍惜生命的心态去对待它们。

对于数量、图形、标志和文字等的兴趣和感觉——在游戏和生活中，反复体验数量、图形、标志和文字等，意识到标志和文字的作用，能根据自己的需要灵活运用，从而对此产生兴趣。

使用语言交流——在与教师和朋友交流时，一边熟悉图画书和故事，一边学习掌握丰富的词语和表达方式，用语言传达自己的体验和想法，注意听对方的话，享受用语言交流的乐趣。

2018 年新修订的《保育所保育指南》《幼儿园教育要领》《幼保连携型认定儿童园教育·保育要领》《小学学习指导要领》中均纳入了这一幼儿姿态。另外，新修订的《幼儿园教育要领》明确要培养幼儿的三种"资质与能力"：①知识和技能的基础；②思考力、判断力、表现力的基础；③向学力和人性等。而《小学学习指导要领》要培养学生的三种"资质与能力"为：①知识和技能；②思考力、判断力、表现力；③向学力和人性等。这一目标的提出，提高了幼儿园和小学课程目标和内容的一贯性、连续性。修订的《小学学习指导要领》要求小学要以生活科为中心，制定并实施包括国语、数学等各种科目在内的开端课程。可以说，这次对学习指导要领的修订，是长期以来日本重视幼小衔接的一个集中体现。

2018 年 3 月，文部科学省、国立教育政策研究所和教育课程研究中心再次制作了《衔接发展和学习的开端课程：开端课程引进和实践指南》，为全国小学编制和实施衔接课程提供了更为具体、操作性更强的行动指南。从 2020 年开始，日本小学方面的开端课程实现义务化。

日本自 2008 年将幼小衔接的重点转移到教育的衔接上之后，对幼儿教育以及小学教育在教育目的、内容等方面提出了各种各样的要求。在幼儿教育方面，要在预想小学教育的基础上进行保育和教育，最为关键的是双方要编制与实施幼小衔接课程。

至此，在社会的不同发展时期，日本的幼小衔接相关政策既有核心价值取向的连续性，也有侧重点上的不同。从重视解决"小 1"问题，多主体多举措帮助幼儿适应小学生活，慢慢过渡到重视教育的连续性，编制与实施衔接课程，日本在层层深化对幼小衔接的认识，并多角度提出关于幼小交流、课程衔接、多方合作等的相关政策，为推动日本开展幼小衔接提供了政策上的依据和保障。

（二）内容演进

小学、幼儿园与家庭作为幼小衔接最直接的参与主体，他们的参与、交互决定了幼小衔接微系统和中间系统的质量。社区作为外系统，则对幼小衔接的微系统和中间系统产生了直接作用。

1.重点开展幼儿与儿童间的交流活动

开展幼儿与儿童间的交流是实现幼小衔接最为直接和可行性高的举措，《幼儿园教育要领》和《小学学习指导要领》均提出学校要积极创造幼儿和儿童进行交流的机会。21世纪以来，幼儿与儿童间的交流活动在日本得到了广泛的实施，2008年奈良县幼小衔接情况的调查显示，在积极进行合作的幼儿园和小学里，合作内容中幼儿与儿童间的交流占49%。同样地，文部科学省公布的2019年幼儿教育实态调查报告显示，幼儿与儿童进行交流的幼儿园数量占全体幼儿园数量的90.2%。

在幼儿和儿童的交流活动中，既有幼儿参加小学活动，也有儿童参加幼儿园、保育所的活动。交流方式大致有参观型、活动型和合作交流型。参观型是幼儿去小学参观运动会、展览会等，可以多个幼儿园一同进行。活动型是幼儿参加由小学生策划的活动，比如校园庆典一类的活动，也可以多个幼儿园一起参加。合作交流型是为了解决某一个问题，幼儿园和小学一起进行具体活动的交流。因为这种类型的活动需要幼小教师们事前讨论规划，所以只能与特定的幼儿园进行而不能与多个幼儿园一起进行。由于各地区的幼小衔接计划和情况不同，其幼儿与儿童间的交流活动也呈现出不同的特色，总体上主要分为以下三种类型。

（1）行事活动交流

"行事活动"在日语中指的是社团或团体等按往年惯例举办的较大规模的集会活动。同样地，日本的幼儿园、保育所和小学等每年都会有各种各样的行事活动，如运动会、音乐会、七夕祭、收获祭等。行事活动通常取材于社会生活或围绕幼儿生活中的重大事件，旨在丰富幼儿的生活经验，使之获得积极的情感体验。参与主体并非仅局限于师生，地域居民、家长、友好园所学校等都可以广泛参与其中。

（2）日常生活交流

由小学邀请幼儿园的大班幼儿来小学进行供食体验、一日入学体验、课间游戏等，也是日本开展幼小衔接活动的一种重要形式。通过这样的交流活动，幼儿不仅可以了解小学的教学和环境，还可以看到比自己年长的哥哥姐姐们在学校中的姿态。另外，在入学体验时，学校会积极创造幼儿和小学生双方进行交流的机会。

（3）学校授课交流

毫无疑问，基于课堂授课的交流是最能体现学校教育本质的活动形式。早先，文部省在1989年颁布的《小学学习指导要领》中考虑到幼儿园和小学低年级教育方法和内容需要有共同点和连续性，于是将小学一、二年级原先的社会科和自然科融合成一门新的课程——生活科。生活科是以孩子身边的生活圈作为学习对象和场所，重视与之直接相关的活动和体验，培养幼儿自立的基础的一门课程。自2002年起，日本所有小学3～6年级也开始实施"综合学习时间"（类似我国的综合实践课程），培养学生的学习自主性。由于"生活科""综合学习时间"在教育方法和理念上与幼儿期的教育十分相近，所以在开展幼小交流时，越来越多的幼儿园和小学开始依托"生活科""综合学习时间"进行授课交流，"生活科"和"综合学习时间"开始担负起衔接幼小教育的重要角色。

2. 多元推进幼小教师的合作与发展

在幼儿园和小学充分发挥各自作用，顺利实现衔接的过程中，教师之间的交流与合作也发挥着核心作用。日本的"日托中心国家课程"明确提出了教师合作是幼小衔接成功的最重要因子。进入21世纪之后，随着幼小交流的日益频繁，幼小教师间的交流与合作也渐渐受到了重视：各都道府县、市町村教育委员会和教育机构都积极采取多种措施，搭建幼小教师沟通的平台。日本幼小教师间的交流方式根据交流目的主要分为以下四种。

（1）幼小交流活动前后的讨论会

为了确保幼小交流活动的顺利开展，教师往往要在活动开始前后举办讨论会。在制定幼小交流活动计划前，幼小教师需对交流活动的时间、内容、方式、目标等进行讨论，确认交流活动，做好活动前期准备。在开展幼小交流活动时，教师会一边指导、观察幼儿和儿童的表现，一边进行谈话交流。在幼小交流活动后，一些幼儿园或学校会安排教师进行事后讨论，就幼儿和儿童的表现、教师的指导方式等进行评价、反思，交换彼此的想法和意见，以便将交流的成果延续到下一次的幼小交流活动中，改善后续的指导方法。在当前日本幼儿园、保育所或小学中，教师交流的方式主要以幼小交流活动前的讨论会为主。

（2）互相参观保育与授课

为了推进幼小教师之间在教育内容和教学方法上的合作，讨论并探索如何推进授课等，部分幼儿园会为大班班主任、保育员提供去小学参观授课的机会，相对地，小学教师可以去幼儿园或保育所参观保育或授课，以了解双方教育内容、指导方式等异同点；有些幼儿园或小学还会在参观之后开展事后研修会，交换参观的感受或提出疑问，就教育现状和孩子的生活学习情况进行讨论，并将活动成果作为提高保育或教育质量、编制衔接教育课程的重要参考。

在小学参观幼儿园、保育园时，小学教师会一边参观园所一边听取园内教师的说明，认识幼儿园环境的构成、幼儿的游戏视角、幼儿学习的方法、幼儿的成长过程等。小学教师必须了解幼儿在幼儿园生活的实态，以便活用到小学教育的学习内容和指导方法上。幼儿园教师、保育员参观小学的授课情况时，可直接在教学现场了解小学的课程内容、授课形式等，在认识幼小教育的异同点的基础上把握孩子的成长和学习的连续性。在多次的保育参观和授课参观中，一方面，教师们能够充实教育实践，更好地了解对方的情况，并且坦率地交换意见；另一方面，在明确彼此教育上的异同点的基础上，教师们也开始思考本地域想要培养什么样的孩子，提高自己在幼小衔接期进行更高质量的保育、教育的积极性。

（3）幼保小教职员联合研修会

从更好地推动幼小衔接的角度来看，幼儿园、保育所和小学等教师需要相互理解，提高专业素质。幼保小教职员联合研修会是在县、市町村教育委员会或学校的组织下，由幼儿园、保育所、认定儿童园和小学教职员等组成的研修会。研修会一般会选择下午4点后等能确保教职员参加的时间段举行。研修会主要通过邀请大学教授、专家学者等举办讲座等形式对教师进行培训，丰富教师的理论知识，帮助其了解幼儿期到儿童期个体发展和学习的特性，谋求教职员工的相互理解，进而提高教师的专业素质。

（4）幼保小教职员相互职场体验研修

在幼儿园和小学，可以通过特聘双方有经验的讲师、推进人事交流等措施，提高双方的教育质量。职场体验研修作为一种人事交流方式，是指由市町村教育委员会等教育行政主体主办，安排幼儿园和小学互相派遣教职员到各自的园所、学校进行职场体验，研修时间可以是一天、一个月、半年到一年不等，研修结束后再回到各自的园所、学校。在《幼儿教育振兴行动计划》（2006—

2010年）中，文部科学省要求各都道府县至少要提供一个以上的平台供幼儿园和小学长期互派教职员培训、进修或进行人事交流，这进一步推动了幼保小教职员相互职场体验研修的开展。

在具体实践过程中，除了上述四种方式外，幼小教师间的交流方式还在不断拓展。如有些幼儿园或小学会举办幼儿入小学前的恳谈会；有些小学会举行行政主管人员间的恳谈会，如园长和校长间定期交流，讨论幼小衔接的发展等；有的幼儿园和小学之间会召开信息（意见）交换会、幼保小联络会，向小学交送幼儿园幼儿指导要录、保育所儿童保育要录。此外，有些地区的教育委员会将具有幼儿教育经验的幼儿园老师分配到小学一年级，作为"学校生活协调员"帮助班主任维护班级稳定，而经验丰富的小学教师则会分配到幼儿园或保育所，作为"幼小衔接顾问"帮助幼儿顺利过渡到小学。多样化的交流途径在提高教师的专业素质与能力、帮助教师之间建立良好的人际关系的同时也保障了幼小衔接的质量。由于加强了交流，幼小教师们不仅增进了对彼此工作的理解，更营造了和谐的交际环境，保证了幼小衔接系统的有序运转。

3. 逐步编制与实施幼小衔接课程

幼小衔接的开展，即通过加强幼儿教育的成果与小学学科的融合，编制并实施幼小衔接课程，调整课程设置，促进幼小两个阶段教育的连续性、一贯性。具体而言，幼小衔接课程主要指的是在衔接期实施的保育、教育课程。根据地域、学校、孩子实际情况的不同，衔接期的起止时间设定也略有不同。进入21世纪，文部科学省推进了以《幼儿园教育要领》《小学学习指导要领》为核心的衔接幼小教育的课程政策，在此基础上，日本市町村教育委员会、幼儿园及小学等开始尝试编制与实施幼小衔接课程。

（1）以培养基础学习能力为导向的课程设计

幼儿期的教育和儿童期的教育，因个体发展的阶段不同，课程的构成原理和指导方法等方面也有差异。但从《教育基本法》和《学校教育法》来看幼儿期和儿童期的教育目的和目标（智、德、体），其具有连续性、一贯性，根本上为义务教育及后续的教育奠定了基础。因此设计一套能够接续两个阶段学生学习发展的课程是有可能，也是有必要的。

2010年文部科学省发布的《关于幼儿期教育与小学教育的顺利衔接的应有现状》已指出，幼儿期和儿童期教育的共同目标是"培养基础的学习能力"，这也成为课程设计的核心导向。其目的在于通过幼小教育课程的衔接，保证个体的基础学习能力持续发展，帮助幼儿从"学习的萌芽期"顺利过渡到"自觉的学习期"。在报告中，文部科学省要求从幼儿大班后半学期到小学一年级的课程要培养幼儿的"三个自立"：学习的自立、生活的自立、精神的自立。学习的自立是指主动探索自己认为感兴趣、有价值的活动，能倾听别人讲话，并以此为参考深化自己的想法，用适当的方法表达自己的想法；生活的自立是指掌握生活上必要的技能，与身边的人、社会及自然适当地联系，主动追求及创造更美好的生活；精神的自立是指注意到自己的优点和可能性，拥有热情和自信，对自己的现在和未来充满希望，积极地生活。《学校教育法》第30条规定了"终身学习的基础"：基础知识和技能，解决课题所需的思考力、判断力、表现力等，主体性学习的态度。

（2）根据衔接时期划分的衔接课程类型

由于衔接期的起止时间横跨幼儿教育的最后阶段和小学教育的开始阶段，因此又将衔接期分为两部分，将幼儿进入小学前的时期（10—次年3月）称为"接近期"，将进入小学后的时期（4—7月）称为"开端期""入门期"。相应地，在这两段时期，编制与实施的课程分别被称为"接近课程""开端课程"，这两种课程统称为幼小衔接课程。

为了推广幼小衔接课程，为幼儿园和小学在编制与实施幼小衔接课程上提供参考，东京都、高知县、千叶市、佐世保市、横滨市等县市的教育委员会分别成立了研究委员会，制定幼小衔接示范课程以供当地幼儿园和小学参考。

①以游戏为中心的接近课程。接近课程是指为了使学龄前的幼儿能够顺利地适应小学的生活和学习而设置的5岁儿童的课程，主要在幼儿园或保育园的后半学期（10—次年3月）实行。接近课程主要通过为幼儿提供适当的环境和教育活动，透过游戏中的综合指导培养幼儿应具备的能力，进而自然地与小学教育衔接，并非单单以适应小学为目的，片面地传授知识和技能。

②以生活科为核心的开端课程。开端课程是在幼儿刚进入小学的前几个月，结合其幼儿期"通过游戏来综合学习"的指导方法来引领其学习的课程。该课程主要以幼儿在幼儿园或保育所获得的成长和学习经验为基础，采用幼儿在幼儿园里熟悉的游戏、活动等增强课程内容的趣味性、课程时间的灵活性，从而发挥幼儿的主体性，提高幼儿对各学科的学习积极性，帮助幼儿顺利从幼儿期的综合性学习过渡到小学课程的学习。实施时间大多是在4月至5月。

4.加强家庭与社区的沟通与参与

从幼儿园到小学，不仅仅幼儿要面临环境与角色的转变，家长也需要面对角色转换与进行生活调整。2014 年出云市针对即将升入小学的幼儿的监护人，进行了"保幼小联合监护人问卷调查"。结果显示，有 73% 的家长对孩子能否顺利入学感到担心和不安。而家庭、社区缺乏与幼小教育机构的必要沟通与联系是造成这种担忧的重要因素。2005 年，中央教育审议会提出的咨询报告指出，幼儿教育日后发展的重要方向之一是充分整合发挥幼儿教育机构、家庭、社区三方的力量，保障幼儿的最佳利益。鼓励幼儿园、小学与家庭、社区等加强交流合作，谋求家庭、社区对幼小衔接的理解与协助，成为实施幼小衔接举措的重要方向。通过梳理日本在这方面的举措发现，日本幼儿园、小学与家庭、社区在幼小衔接的交流上主要走了一条文本宣传和实践活动相结合的道路。

在日本，文本宣传是在推动幼小教育机构、家庭、社区的交流与合作中运用最广泛的途径。许多社区、幼儿园、小学会通过网络主页专栏或张贴公告等，向家长普及幼小衔接的重要性，用文字、图片或影像资料帮助家长了解幼小衔接的进展情况、幼小衔接中幼儿的成长与发展情况等。部分社区还专门为家长制作了各种各样的指导手册。

在文本宣传的基础上，开展面对面的实践活动能让家长直接参与到幼小衔接中。如幼儿园和小学会举办研修会、恳谈会、家长说明会和家长教师协会会议等，直接向家长提供关于幼儿园或小学学习和生活的信息，说明幼小衔接的意义和必要性；或引导家长参观公开授课等，让家长亲自了解小学的生活和学习环境，做好入学准备，提高孩子入学安心感的同时增强其对保育所、幼儿园、小学的信赖感。为了减少家长对孩子入学的担忧，一些幼儿园和小学会特意组织双方的家长开展"育儿谈话"，分享彼此在育儿方面的经验，排解家长关于育儿的烦恼，提高家长的育儿能力等。有些幼儿园或小学还会向家长发放问卷以调查其对幼小衔接的看法。

社区中还有众多充当教育支援者角色的机构。例如，教育委员会、保健福利部门、育儿援助非营利组织、社区志愿者团体等相关机构合作建立家庭支援网络体系，对家庭育儿和幼儿教育进行支援；幼儿园运营协议会和地区学校运营理事会利用多种方式向人们说明幼小衔接的重要性，加深人们对幼小衔接的理解；社区邀请小学校长和幼儿园园长举办教育演讲会等。这些支援活动既可以充实幼儿教育和家庭教育，同时也能提高社区的教育能力。如此一来，通过多渠道多举措加深家庭或社区的人们对幼小衔接的理解，旨在提高他们与保教机构、学校的合作意识与参与主动性。

第二节　日本小学教育的历史沿革

一、日本小学教育的历史演进

（一）《学制》期

明治时代是通过战乱和斗争建立起的王朝时代，当时明治政府百废待兴，经济、政治、思想等各项都亟待发展。文化方面，统治者提出"文明开化"，希望改变这种落后的局面。于是，在明治天皇的主持下，国家对教育的发展抱有很大的期望。就教科书而言，国家把推行教科书作为一项重要的发展使命来对待，特别是国定教科书实施以后，这种倾向更为显著。明治维新后，国家倡导"文明开化"。明治初期的小学历史教科书作为特定时代下的教育工具，必然会受到统治者的政治干预。但是，小学历史教科书作为近代前期的教育遗产，在日本教育史上具有不可或缺的地位，对培养日本人的国民性格和拓宽对外的视野起了不可估量的作用。

在"文明开化"的思潮影响下，日本引进来许多介绍欧美文化的启蒙书籍，与此同时还翻译了大量的书籍。明治四年（1871年），日本设置了作为管理全国各府县教育行政机构的文部省，文部省长官成为卿，次官成为大辅，下设教育少辅、大丞、小丞，着手国民教育制度的创建工作。文部省完成草案之后，在1872年6月把草案交给太政官会议审批。九月颁布了《学制》，它是日本历史上第一个由中央政府主持发行并付诸实践的教育立法。它体系完善，内容充实，让国民可以享受普通的基本教育，揭开了日本历史上第一次教育改革的序幕。而文部省在实施《学制》前，先向各府县下达了实施《学制》的着手顺序，主要内容是"第一，大力发展小学……"，由此可以看出，文部省在推行《学制》时，特别把小学教育排在了首位，强调其重要性。对此，文部省是这样说明的："欲期社会文明、人有才艺，只好求之于小学教育的广泛普及和完善，故当今着手的第一项任务就是把力量投在小学上。"当时到各地去视察的文部省官吏都把普及小学教育当作最要紧的事情向地方官和民众来宣传。而除了发展小学教育之外，其次便是发展师范学校，明治政府认为，发展师范学校是发展国民普通教育的基础。因此，从上述不难看出明治初年政府对教育变革的努力和决心。

根据《学制》的要求，日本编写了入门教材挂图，还编写了《小学读本》《地理初步》《日本地志略》《小学算数》等一系列配套的书籍。同年十月，文部省颁布《小学教则》，对小学教授的内容做出了详细的规定和解析，并为以后教科书的编写提供了可行性的范本。根据《小学教则》和《学制》的大纲规定，日本的小学分为上、下两等，其中上、下各为八级，共十六级。从下等八级到上等一级，每级期间至少六个月。同时《学制》还规定了各级学级相对应的课时数量，教科书也因此按照文件做了合理的配套。

（二）《教育令》期

随着日本的发展，明治初年的教育政策逐渐与现实出现了偏差。旧的政策与现实中的教育环节发生了脱节，具体表现为《学制》中强调的教育内容和政策不符合当时日本的发展能力。《学制》中规定的上学年龄不能有效地落实，且由于上学读书费用和教科书费用较高，以及规定的课时难以按时保质地完成，因此很多家庭苦不堪言，《学制》难以继续实行，要求变革的呼声高涨。

在《学制》的影响下，明治初期的小学教育取得了不小的成绩。但由于明治政府所制订的教学计划急于求成，不符合当时日本的发展能力，加之此时日本政府财政资源匮乏，国家困难，无奈只得将教育经费依附于百姓身上，百姓苦不堪言，无能力支付高昂的学费。同时，这个时期的教育政策、教育模式、教育理念和相关课程，都引自国外，从而严重脱离日本教育的实际情况，不符合日本的现实生活，也脱离学生的学习能力。所以，《学制》并没有很好地延续下来。因此，在此后的几年里，文部省先后实行了多种政令来改变教育局面。

日本于明治十二年彻底废除《学制》，颁布田中不二麿主持的《教育令》。政令要求普及义务教育，并且加之科学探索精神，并首次将修身与其他的科目，如习字、算数、地理、历史等一样，作为独立科目确定下来。但不久政令便被元田永孚的《教学大旨》所取代，《教学大旨》将智育和德育分离，德育优先，以封建道德"仁、义、忠、孝"为教育的基本精神，批判政府开明文教的政策，强调继承日本固有传统道德的重要性，开始以儒教主义和国家主义为主导，以此来确定国家教育的方向。

（三）《小学校令》期

明治十三年日本颁布了《改正教育令》，强调国家干预教育。明治十四年五月颁布了《小学校教则纲要》，其中修身科和历史科被提到重要地位。与此同时，以往的《万国史》被禁止教授。从此《小学校教则纲要》成为历史教育的一种要旨，成为历史教科书的一种大纲性指向文件。这个时期的教科书以忠君爱国的思想为教育内容，进行彻底的道德强化教育。从欧化主义的启蒙历史教科书到充满了国家主义的尊王爱国的历史教科书，日本小学的教科书中也越来越多地加入了皇国史观的色彩，这个时候修身教育成为国家主义教育的中心内容，同时也成为历史教育的手段之一。

明治十八年，初代文部大臣森有礼改革学校制度，随后《小学校令》《师范学校令》相继被制定出台。其中《小学校令》有十六条，规定了小学教育中应该注意的一些问题。其中最重要的内容便是恢复初小、高小的教育，使得儿童享受最基本最便捷的普通教育。日本由此开始实施义务教育的方针政策，且小学教科书只能采用经文部省大臣审定的教科书。

明治二十三年，文部省颁布修正《小学校令》，这段时期的教科书中加入了大量的国家主义和道德色彩的内容，而且书中的插画也增加了一些根据史实想象出的画像和图像。典型的有山县悌三郎的《帝国小史》（四卷，明治二十五年）和金港堂的《小学校用日本历史》（七卷，明治二十六年）。山县悌三郎的《帝国小史》（四卷，明治二十五年）讲述的大致是从宪法颁布到帝国议会的开设这段时期的历史，全书分为甲乙两册，其中甲册为一二学年使用，乙册为三四学年使用，甲册大体上以各个时代的代表人物为中心编写，而乙册基本上以事件为中心编写，涉及了政治制度、宗教、农业、风俗等，书中补足了一些之前没有涉及的知识。而金港堂的《小学校用日本历史》（七卷，明治二十六年）分为前编三册和后编四册，其中前编是一二学年专用，后编为三四学年专用。前编主要以人物为中心编撰，后编以各个时期的人物或者事件为中心编撰。第一学年的前半期讲授乡土地方史，从后半期开始每年学习两册。

（四）《国民学校令》期

日本于1939年废除了《小学校令》，发布了《国民学校令》，同年4月又制定了《国民学校令施行规则》。根据《国民学校令》的规定，国民学校按皇国之道施行初等教育，以培养国民的基础素质为目的。制度改革的主要方面为：把义务教育年限延长为8年；国民学校的课程分为初等科和高等科；国民学校以公立为原则；尽力改善国民学校职员的组织和待遇。但是由于战局的变化，义务教育8年制未能得以实现。

（五）《学校教育法》期

日本现行的小学教育制度是在战后第二次教育改革中形成的。日本于1947年3月公布了《教育基本法》和《学校教育法》。根据这两个法律进行的小学教育改革的主要内容有以下几个方面。

第一，贯彻教育机会均等原则。《教育基本法》第三条明确规定：全体国民享有与其能力相应的、平等的受教育机会，在教育上不能因种族、信仰、性别、社会身份、经济地位及门第的不同而有所差别。国家及地方公共团体，对于有能力但因经济原因学习困难者，必须发放奖学金，给予帮助。

第二，改"国民学校初等科"为小学，学制六年，以实施适应儿童身心发展的初等普通教育为目的。

第三，对就学、办学和援助就学的义务做了明确规定。义务教育中的"义务"主要包括三个方面，即就学义务、办学义务和援助就学义务。

第四，改革课程行政，重组教育课程，中央集权制改为地方分权制。

对于战后日本经济所面临的危机来说，改革并实行新学制，实行九年义务教育，难度是相当大的，主要是校舍和师资严重不足。但在广大人民群众的要求和支持下，通过政府的艰苦努力，虽然直至 1970 年才设足了必要的小学，但就学率在 1965 年时已达到 99%。

二、日本小学教科书的审定与编写

（一）日本教科书审定制度

在 1947 年社会科课程设立之初，日本施行国定教科书制度，即从学校课程标准到教科书均由文部省进行制定。在确立基于《学习指导要领》编订教科书的基本思路后，文部省便依据 1947 年版《学习指导要领社会科编》和 1948 年版《学习指导要领补说编》制定了首批社会科教科书。但由于初期的社会科课程内容设计较为繁复，教科书编订也呈碎片化与繁复化特征，仅在初中就分别依据《学习指导要领》中的 24 个教学单元发行了 24 部教科书。从 1951 年起，为了增强教科书的丰富性与多样性，日本将国定教科书制度改革为审定教科书制度，即将教科书的编撰权下放至民间，文部省从编审一体改为仅进行审定与修改，这种制度也发展至今。

当前，日本基础教育阶段主要采用"一纲多本"的教科书制度，其从编订到使用共包含四个步骤：一是由民间出版社组织专家、学者与教师依据《学习指导要领》自主进行教科书编订，编订完成后上交文部科学省进行审定与修改。二是依据文部科学省发布的《义务教育诸学校教科用图书审定基准》和《高级中学教科用图书审定基准》，由文部科学省教科书调查官通过召集专家学者和召开教科书审议会的形式，对上交待审的教科书进行审核、检定，并发布合格教科书清单。依据上述两部文件，教科书检定合格与否的首要标准就是是否蕴含了《教育基本法》及《学习指导要领》中的预设教育目标。三是由教育委员会或学校校长在合格教科书清单中选择教学用书目。其中，隶属于都道府县的公立学校的教科书由当地教育委员会设立的"教科用图书选定审议会"负责挑选，国立与私立学校的教科书则由学校校长负责挑选。四是由日本政府发放教科书，并将教科书投入使用。其中，每一个步骤均需要一年的运行周期，即一套教科书从编订到使用的周期约为四年。

总体来看，日本政府（文部科学省）在教科书编订过程中拥有绝对的主导权与话语权。首先，文部科学省拥有学校课程标准《学习指导要领》的制定权与解释权；其次，文部科学省拥有教科书内容的审定权与修改权，其决定了学校与学生选择教科书的对象和范围，不符合日本政府主导意志的教科书将不会通过审定。可以说，日本教科书中的内容足以反映日本政府的意志与态度，这对于我们考察以服务国家和政权为宗旨的价值观教育来说是极为重要的。

（二）日本小学教科书的编写与选用

日本有许多家出版社编写教科书。这些出版社分别请来各方面的学者、大学教授、中小学教师组成编辑委员会，委员根据《教学大纲》编出样本，再送到文部科学省设置的审查部门进行审批。经审议，合格的可以作为教科书书出版。各出版社根据各自的选材和地域特点出版发行。于是，全国就会有很多种教科书。

面对多种教科书，选用何种则由当地教育委员会决定。地区教育委员会根据当地的特点进行选定。例如，东京都 23 个区的公立小学，所用的教科书不一定相同。日本小学教科书内容活泼，插图很多，特别是社会课的教材，内容基本上采用真人真事。

三、日本小学课程教育的典型内容

（一）日本小学安全教育

1. 日本安全教育背景

日本曾在《保健体育教学指导纲要》中明确规定了安全教育的相关内容。日本颁发了多项关于防灾、应对危机的文件和手册，这与日本国情表里相依。日本是一个自然灾害频发的国家，因此掌握必要的安全知识和应对灾害的技能对于日本国民来说是必不可少的。而且日本对中小学生的安全教育的重视程度很高，是贯穿在学校教育中必不可少的一项内容，从安全教育的内容、课程、法律规范到灾害后的救助方面都做得十分全面，有着较为完善的体系，值得我们借鉴和学习。

自 20 世纪 90 年代以来，日本相继颁布了《学校保健安全法》《学校给食法》《第二次学校安全推进有关计划》以及各方面的危机管理手册，全方位地提供了安全教育的保障，以确保安全教育能够全面有效地得到落实。另外，日本各地区教育委员会都编有《危机管理和应对手册》或者《防灾教育指导资料》等安全教育相关材料，结合各地区的实际情况指导学校进行安全教育、安全管理并提高学校全体人员的危机防范意识。另外，日本中小学融安全教育于各科的教学当中，在进行安全教育时尤其注重实践性，利用综合学习时间和特别活动课对学生进行指导，教育形式层出不穷，教育内容贴近生活，着重培养学生在面对安全问题时的自我防范意识和应对技能。

学校安全教育不仅关乎学生本身和家庭，对社会和国家来说也至关重要。而安全教育需要社会、学校、家庭的有效配合和政府的重视及支持，要不断加深学生对安全的理解，使其意识到安全的重要性以及提高对于安全问题的解决能力。

2. 以基本安全知识为主的小学安全教育

学校在小学阶段五六年级的体育课上，要让学生了解防止受伤的方法并能够处理简单的伤口；在进行器械运动、平地运动、游泳以及球类运动时，教授学生使用器材设备的基本方法和所需注意的安全问题，及时向学生传达基础要领和应对方法。如游泳课上，教师指导学生学会该项技能，在保证安全的情况下进行长时间的抬高、放低背部、保持漂浮，并讲述在该状态下可能会发生的事故；让学生理解受伤的原因，并教会学生向教师传达信息的基本能力和简单的治疗方法。

理科课中，对于四年级的学生，指导其掌握水是从高处流向低处并聚集的，在对雨水的去向和地面的情况进行探究的过程中，根据以往的内容和生活经验，就雨水的流入方式、渗入方式与地面的倾斜和土壤颗粒的大小之间的关系，想出有根据的预测和假设，并将其表达出来。五年级在四年级的基础上增加了通过观测天气变化的方式，将云的数量和运动与天气的变化相关联，同时观察云的状态并灵活利用气象信息（如影像）来预测天气的变化。此部分涉及由于台风而造成的天气变化，要考虑到台风与降雨之间的关系以及随之而来的自然灾害。六年级则增加了关于土地的建造和变化，在这方面要着重于土地及其中包含的事物，了解自然灾害发生的原因，保证对灾害有基本的了解。

在五六年级的家庭课上，要指导学生了解烹饪所需的器皿和餐具的卫生操作以及家人用的烹饪器皿的安全处理方式，并能够安全地使用。对于用来烹饪的食物，要注意其卫生。

在综合学习时间内，学校依据自身情况，提出学生所感兴趣并与实际生活相关联的课题，积极利用起这样的时间进行教学。

在道德课上，对于一、二年级的学生，要指导他们注意自己的身体健康，学会保管事物和金钱，三、四年级的学生则要指导他们做事有节制，认真考虑后进行安全的行动，而五、六年级的学生则指导他们了解自己的生活方式，审视自己的生活。重要的是对于小学阶段的学生而言，要指导他懂得尊重和珍惜生命，意识到生命的重要性。

（二）日本小学道德教育

由于道德课程是一门专门开展价值观教育的课程，因此道德课程与道德教育一直是国内学者研究日本德育的主要关注点，多年来围绕该问题形成了十分丰硕的研究成果，其中既有整体性研究，也有点位式研究。代表学者有饶从满教授、吴潜涛教授、高亚杰等。一是关于日本道德教育的历史流变研究。饶从满在其著作《日本现代化进程中的道德教育》中着眼于教育与现代化的关系，认为应该将道德教育置于日本整体的现代化进程中来进行考察，并强调道德教育在促进日本现代化方面发挥了至关重要的作用。从江户时代的前现代化时期到当代的现代化成熟时期，饶从满将日本道德教育的历史发展划分为8个时期，认为日本道德教育的历史具有高度的连续性、融合性。但与此同时也应辩证地看到，政治主义和功利主义的日本道德教育也给日本的现代化和社会发展带来了严重问题。吴潜涛从战后日本教育改革的视角出发，系统梳理了日本道德教育的演变历程，最后提出道德教育应走向学校教育、家庭教育、区域社会教育的统一，应形成"终身制"教育机制。

二是关于日本道德教育的基本理论研究。在日本现当代道德教育理论方面，高亚杰在其博士论文《战后日本道德教学理论研究》中系统梳理和研究了日本自"二战"前至现当代各个时期的道德教学理论，区分出了修身教育体制、全面主义时期教育体制、道德教育特设体制和"新学力观"时期，对日本当代道德教育理论家——胜部真长、大平胜马、平野武夫、青木孝赖、荒木纪幸、金井肇、押谷由夫等的道德教育理论进行了系统分析，并提出了"情感主义""拿来主义"和"技术主义"三个日本道德教育理论基本特征。在更早的近代道德教育理论方面，王凌皓聚焦于19世纪的日本道德教育理论家，对不同文化传统以及西方影响下的日本近代道德教育理念进行了梳理。

三是关于日本道德教育的价值取向研究。李晓红认为，新时期日本的"道德学科化"举措强调了国家规定的"爱国心"这一核心价值，这也成为学科化之后道德评价的重要基准之一，使得日本面临着"价值暴力"的质疑。有学者通过对日本 2017—2018 年新一轮道德教育改革进行深入分析指出，在爱国主义精神统摄下的"传统与文化"成为日本新时期道德教育中的主要价值取向，但由于以"道德"之名进行爱国主义教育的质疑声音持续不断，2018 年 4 月开始全面实施的道德教育实践面临诸多困境与挑战。

道德教育在日语中使用的词汇与中文相同，即"道德教育"。与价值教育和公民教育等外来概念不同，道德教育是日本自古以来便存在的一种教育活动，主要在寺子屋以及藩校等教育机构开展。在明治初期一元化的中央集权体制建立后，随着《教育敕语》的颁布，道德教育逐渐被赋予了神道色彩，后来与公民教育一同沦为了传播军国主义与极端国家主义的工具。在战后，日本道德教育与公民教育共同进行了根本性改革，去除了战前的军国主义内容，改为服务于民主化进程。在随后的几十年中，道德教育经历了多次变革，从无到有，从全面主义到特设道德，道德教育的身影贯穿了日本战后教育改革的全过程。

在当前的语境下，道德教育在日本专指以中小学"特别教科道德"课程为主，以社会科、国语科等其他课程为辅的旨在培育特定道德品质的教育活动。相比于价值观教育和公民教育，道德教育一词在当下也更为日本政府和日本学界所常用，虽然当前的日本道德教育早已融入了大量的政治色彩与意识形态诉求，但由于道德一词本身的意识形态色彩不强，因此可以较为自由地使用而不用规避。从教育目标和教育内容来看，道德教育是一项典型的价值观教育活动，其主要课程载体为"特别的教科道德"。在教育内容方面，道德科则按照德育主义的原则，从自我、他人、社会、自然四个维度出发，将教学内容编排为具体的道德价值观，如自律、诚实、节制、勇敢等，并广泛运用角色扮演等方法开展教育。

（三）日本小学科学课程教育

1. 科学课程要面向未来

新修订的《学习指导要领》强调科学课程要面向未来，使学生有能力去面对未来复杂、不可预料的社会，着重发展面向社会的课程；强调科学课程与日本总体建设进展之间的紧密联系，将课程与实践相结合以更好地适应和面向社会，使课程具有时代性和创新性。所以说，学校培养的人才必须使自身和社会兴盛紧密联系在一起。在实施课程时，应充分使用该地区的人力和物力，与当地社区和社会团体合作实现教育的目标，培养更多的人才。

学生也不能仅仅局限于从书本中获得知识，而应积极参加社会体验活动和社会研究，社会各阶级也要推动课程的实施。在课程内容的选择上重视与社会的关联，可以开设农业教育、海洋教育、建筑教育、药物教育、计算机教育，获得有效的数据和信息，利用高科技信息技术手段来支撑科学的发展，使用数据客观地表达自己的观点。

在日常生活中，学校以及身边的组织应协作起来，共同的力量是促进学生和教育发展的必要条件。学生在社会体验活动中体验工人的艰辛，思考人们的劳动智慧；在社会研究中产生自己的主张，培养自己科学的表达能力。此外，踊跃参加小组社交互动，在与他人合作处理问题的过程中实现科学信息互换，丰富自身的见识和体验。

2. 合理简化科学课程内容

日本在课程内容的选择上更加简洁且具体化，从 1958 年到 2017 年的 7 次课改修订中，小学科学课时数目占小学总课时数目的比重由 10.8 下降到了 7.0，这都与日本小学科学精简课程，提高课堂效率的政策有关。由此可见，学校要在有限的教学中实现科学课程学习的最大化，在教学中重点培养学生的综合素养，和培养目标相呼应。相比较而言，我国的课程内容较为烦琐并且没有突出相应的要点。课程目标包括知识、技能、态度等方面的协调发展，这就要求在课程内容的选择上满足目标的需要，并且构建正确的课程载体。课程目标是否有用也与设计思路是否简洁成正比，并且教师都期望在简单又精练的课堂内容中最大限度地达成课程目标，在有限的课堂时间内最高效地完成教学工作。在考虑课程内容少而精的同时，还要考虑选择什么类型的学科知识、知识之间是什么结构、彼此之间的关系、要到达一个什么样的深度、要建立一个怎样的课程体系才能使课程发挥最大的功效，高效地实现课程目标，提高学生学习的效率，推动每一位学生的蓬勃发展。这都是今后在改善课程中需要研究和探讨的方向。

3. 以生为本助力学生发展

每一次的课程改革最后落实的点一定是让学生更好地研习知识，培养学生的综合学习能力。学生是课改的出发点，课改旨在帮助学生发展，使学生尊重自己的个性，展示自己的特点以及增强他们的社会能力，使他们在活动教育中提高社会素质和行动力。日本小学科学课程不断进化、完善，内容上也根据学生发展的需要不断改进，从完善班级管理、深化学习训导、讲究生涯培植、重视个性化指导方面，推动学生真正意义上的健康成长，提高其当前和今后发展所必需的能力。

为了达到"资质与能力"的要求，所有学校都必须向学生提供学习生涯指导、学习指导和就业指导。我国因应试教育的压力过大，科学教学环境较差，造成了中小学个性化科学教育难以实行，有的项目只是在走形式化道路，大部分科学知识只是理论学习，教师和学生都不主动开展科学实验的探究，仅仅对知识点死记硬背。所以我国应重视学生的成长和发展，根据自身发展的特点和社会现实的要求开展学校特色课程，增强科学教育的实际意义。而且不能局限于教科书上的知识，要深刻挖掘学生学习科学的兴趣，提高其研究科学的能力，鼓励学生在日常生活和大自然的有趣现象中发展学习科学的本领。学校应开展教育科学活动，提高小学生对科学的兴趣，使其培养正确的科学态度和优良的科学修养。

4. 不断增加学生进行科学探究的时间

新修订的小学科学《学习指导要领》更加强调学生要掌握观察科学现象的本领及进行相关实验的基本技能；强调并非所有的科学学习都只能通过一堂简短的课来实现，而是以内容和时间为单位，如利用科学单元和主题，在任何适合的场景中都可以回顾学习内容，从而进行实验。学校中可开设自然科学探索课程，给予学生足够的时间进行科学研究，使科学探究成为日常生活的一部分。比如教师可以引导学生思考"油菜花也会结果食吗？西瓜虫是昆虫吗？冰的温度是 0 摄氏度吗？哪种放大镜能让纸很快烧焦？"等问题，然后带领学生自主进行科学实验，通过观察和研究，掌握枯燥的书本知识。在进行科学探索的过程中，学生不仅必须探明科学知识，而且还必须使用科学方法，培养一定的态度以形成独特的真理观念。同时学校可以利用科学绘本教学，使低年级学生能够在课堂外进行学习，增加学生进行科学探究的时间，刺激学生们对科学的好奇心，让科学益趣长留心中，培养学生观测、思索、想象、探索的本领。

5. 科学课程改革要注重教与学之间的关系

目前，日本小学科学课程改革强调从学生的角度去寻找学习方法，提升学习质量；强调学生在学习进程中与同学协作来提高练习的熟练度；强调通过学习内容来提高学习质量并不断实现高品质的学习，发展学生的终生学习能力。将教与学融合起来，使两者的重要性保持在同一个位置，既要重视教师的教也要强调学生的学。

在教学中，教师不能只让学生机械地记笔记，还需要让学生不断调动自己的学习兴趣，掌握所学的本领，不断推动思考力和展现力的进步。

教师要站在学生的立场，在学习中与学生相互配合，让学生不仅学到知识，而且取得进步。教师应充分利用外在行为尊重学生，激发学生的兴趣并培养其独特的个性，使其成为寻求精神进步和不断激发创造潜力的人。

第三节　日本中学教育的历史沿革

一、日本中学教育的形成与发展

1880年12月修改后的教育条例对各级学校做了很详细的规定。

1881年7月日本又进一步颁布了《中学教育原则大纲》，规定日本中学的双重性质：培养职业人才和为高等学校输送优秀人才。

1886年4月，日本又颁布了《中学令》，该令是《中学教育原则大纲》的一个逻辑延伸，从编制目标、设置等方面使日本中学体制具体化；把中学分为二级，即普通中学和高等中学，学生学完普通中学的课程之后方可升入高等中学。《中学令》的颁发，是日本中学教育发展史上的一个重要转折点，它标志着日本现代教育的形成。此后不久，日本中学教育就进入了一个飞速发展时期。

1899年，日本分别颁布了职业学校条例和女子中学条例；1903年日本又颁布了专业学校条例。这些条例不仅大大改进了原先的中等教育结构，而且解决了日本中学教育的制度化问题，从而使日本中学教育经过几十年的试验、探索和彷徨后，最终形成自己的中学教育特色；使得日本的中学教育比较符合日本社会要求，为日本的经济起飞提供了较好的教育前提。

20世纪初，随着日本经济的发展，中学教育也越来越难以满足社会的要求。其突出表现之一就是想要进中学的人数与能够进入中学接受教育的人数之比越来越大。为了尽量满足社会的要求，就导致了1921年到1924年日本中等教育的"繁荣时期"。

1947年日本教育改革委员会制定《教育基本法》，不久又公布了《学校教育法》，规定六年小学以及三年初中教育均是义务教育；在九年义务教育之后，新设立三年制的高级中学，其后才是四年大学。这样，就在学制上为广大民众创造了更多的教育机会均等的条件。

1958年日本提出"充实基础学力，提高科技教育"的课程改革方针，增加了国语、数学和理科的教学时数，结束了战后那种"灵活"的课程计划。1960年，池田内阁制定了国民收入倍增计划，人才开发就成为教育改革的核心问题。

1968年和1969年，文部省分别公布了新的教学计划和教学大纲，强调把科学的基本概念和基本原理作为课程的核心，并且要求新的课程能反映学科的

"前沿"和最新成果。另外，日本中学教育开始大力推进和强调道德教育。

1973 年日本又掀起了新的课程改革。就初中而言，这场改革总的特点是削删原先的教学内容，以减轻学生的学习负担，鼓励学生独立活动，独立研习。当然，少数课程中也做了一些增补。高中课程改革总的精神，一是加强选修制，大量开设选修课；二是强化职业教育，大量开设"针对性"很强的职业课程，意在使学生毕业后能直接找到"对口"工作，并独立操作。

二、日本中学典型课程教育内容

（一）日本中学道德教育

从教育途径上，日本中学道德教育十分重视学校、家庭和社会相结合的教育方式。以学校教育为核心，以家庭教育和社会教育为辅助的模式，注重道德教育全方位的配合，可提高道德教育的实效性。学生的成长是家庭、学校、社会三方配合努力的成果，缺少哪一方面都会对学生的人生观、世界观、价值观产生影响。在以学校为主体，对学生进行道德教育的同时，要积极发挥家庭和社会的主体作用。日本的家庭教育在道德教育中也扮演着十分重要的地位，父母是孩子的第一任老师，在日常生活中，父母的言行举止会潜移默化地影响孩子的行为，对孩子今后的发展和成长都有着至关重要的作用。日本通过建立家长教师协会来促进家长和教师之间的沟通，在众多协会中，最重要的就是 PTA（Parents Teachers Association），这个协会由家长组织，学校教师自愿加入，主要为了方便家长与教师的沟通，进行学习讨论和座谈会，及时了解学生的动态，保障学生的健康成长。

从教育方法上，为了增强道德教育的实效性和针对性，日本中学非常重视实践的作用。日本通过内容丰富、操作便易、富有实效的活动来提高学生的道德素养。如日本非常著名的"特别活动"。特别活动是指除了正常的教学活动外的其余一切活动。特别活动形式丰富、内容多、范围广。除此之外，特别活动在教育目标上具有一致性，在培养学生的实践能力的同时，也在挖掘学生的潜力。此外，日本的体验式学习劳动、志愿者活动都是日本进行实践活动的渠道。这些实践活动一方面避免了道德教育的空白，另一方面也让学生在活动中提升道德素养。

从教育观念上，日本十分重视学生良好行为的养成。在课上，学校会为学生提供一个良好的教学环境，并开展与道德教育相关的活动，使学生在活动中亲身体验，在体验中理解道德行为；在课下，同学们之间会互相讨论，教师适当的引导使他们在学习中养成好的行为习惯。在家庭中，父母也十分注重孩子的行为习惯，如吃饭前要说"我开动了"，饭后要说"多谢款待"，回家后要说"我回来了"，见到别人要进行鞠躬，这不仅仅是礼貌待人、尊重他人的体现，同时也是良好行为养成的开始。

从教育课程和内容上，日本的中学不仅有设置专门的德育课（德育课），还有除了专业课程以外的课程，这类课程重视学生在学校期间的德性养成。在20世纪90年代，日本文部省在《新学习指导纲要》中把对学生的精神教育即"心的教育"放到了首要位置，日本非常重视"心的教育"，"心的教育"既是道德教育中重要的内容，也是开展道德教育的重要方法，对于中学生的心理成熟和人格健全起到一定的促进作用。日本中学道德教育的内容最明显的特点就是层次鲜明，从低年级到高年级有不同层次的道德要求，循序渐进，由表及里，由浅入深。

（二）日本中学安全教育

1. 初中安全教育

日本中学教育中，初中阶段的安全教育贯穿在相关科目中，也都有一定的安全教育主题，以知识讲授和简单技能掌握为主，如表3-2所示。

表3-2 初中阶段的安全教育相关科目和主题

科目	主题
体育课	保健、体育
社会课	地理、公民
地理课	大地的形成和变化、气象及其变化、自然和人类
家庭课	技术、家庭
综合学习时间	确定研究课题并寻求解决办法
特别活动课	年级活动、学校活动
道德课	品德养成

以下主要介绍体育课和地理课的教育内容。

（1）体育课

初中阶段的体育课的内容与小学相比更加细致，主要分为体育和保健两个方面。在体育领域，主要指导学生积极参加田径、游泳、球类、武术和舞蹈等各类运动锻炼身体，帮助同伴学习，学会赞同每个人的不同行为；增加学生对体育理论知识的学习，指导学生了解运动和体育的意义及作用，在进行运动时，要根据该项运动的特点、目的以及自身的发育阶段和身体状况来选择运动项目，学习如何安全地进行运动。就游泳来说，根据学校和地区的实际情况，在确保安全的情况下可以增加游泳课程。

另外，关于游泳指导，在难以确保游泳池安全的情况下不能进行游泳项目的指导，学生对于防止游泳事故发生的经验，一定要有所掌握，并能够与保健领域的应急措施关联起来。关于武术运动，在难以确保安全的情况下，要着重注意指导方法，同时还要根据学习阶段和个人差异，进行阶段性的指导，以确保安全。关于舞蹈活动，为了掌握集合、整顿、队列的增减、方向的改变等行动方式，对舞蹈活动项目要选择合适的方式进行指导。

另外，初中部分的体育课更加注重指导学生掌握防止受伤的方法，使学生意识到生活中的安全事故和自然灾害所带来的伤害是由于人们的一些错误行为或对环境造成影响而导致的，一些事故所带来的部分伤害如果采取正确的行为方式是可以防止的。如：交通事故的伤害，如果正确遵守交通规则并做出正确的安全行动以及有利于改善交通环境的行为，则有些交通事故也是可以防止的；自然灾害不仅会在第一次发生时带来伤害，其引发的次生灾害可能会更加猛烈，而面对这些如果事前做好防范措施，安全地进行避难，也可以避免很多伤害。

（2）地理课

地理课主要分为大地的形成和变化、气象及其变化、自然和人类三个主要方面。在大地的形成和变化方面，指导学生在对大地的形成和变化与地球表面的各种事物和现象相联系的同时，了解相关内容，并掌握一定的技能；通过观察熟悉的地形、地质构造、岩石等，了解土地的形成和扩展及其组成，并掌握诸如操作观测设备和进行记录的技能。

关于火山和地震则要从多个方面进行讲授。如指导学生研究火山的形状、活动的情况及其喷发物，了解它们与地下岩浆的关系，观察火山岩和深成岩，并了解地下各层重叠和扩散的规律，以及地下岩浆的性质与火山形状之间的关系。地震方面则要指导学生学习地震如何传播以及它如何在地球内部发生作用，以以往发生的地震为基础，在了解地震发生时的晃动程度和震波传递的规律的同时，也要理解地震的产生和地球内部的活动相关，了解因地震所引起的土地的变化状态。

在气象及其变化方面，要指导学生在关注气象因素与天气变化之间的关系的同时，学习相关内容并掌握与观测和实验有关的技能。要了解日本天气的特征，通过气象图和气象卫星图像以及相关调查记录了解日本的天气特征与气团之间的关系、日本气象与日本附近大气的运动和海洋之间的关系；利用以往的记录和资料来研究气象现象给人们生活带来的便利以及造成的各种气象灾害。

在自然和人类方面，指导学生通过对自然环境的研究和调查掌握知识技能，基于以往的记录和资料进行观察和实验以调查周围的自然环境和该地区的自然灾害，并科学地考虑和判断如何保护自然环境和利用科学技术，并认识到自然与人类的相互作用；在对学生进行有关观察、实验和现场观察的指导时，还应特别注意事故预防，并在所用化学药品的管理和处置方面采取适当的安全措施。

2. 高中安全教育

日本中学教育中的高中阶段也会进行相关的安全教育，以掌握实用性技能和树立价值观为主，安全教育贯穿在体育课、公民课等科目中，如表 3-3 所示。

表 3-3　高中阶段安全教育相关科目和主题

科目	主题
体育课	保健、体育
公民课	公共、政治经济
地理课	科学和人类生活、地学基础、地学
家庭课	家庭基础、家庭综合
综合学习时间	选取适当研究课题并寻求解决办法
特别活动课	适应日常生活学习，保持健康安全成长
地理历史课	地理综合、地理探究

以下主要介绍体育课、公民课和地理课的教育内容。

（1）体育课

体育课仍旧以体育和保健两大方面为主。体育方面在小学和初中内容的基础上又增加了教会学生冷静地接受胜利和失败，重视规则和礼仪，积极承担角色，履行自己的责任，重视每个人不同的课题和挑战等，掌握预防游泳事故的知识来确保健康和安全，并将此部分内容和保健部分的急救措施紧密结合起来。

保健方面主要是指导学生发现自己和他人在健康方面的问题，使学生了解要建立安全的社会，必须进行环境的整顿和采取相应的个人措施。为了防止交通事故，学生需要了解车辆的特性，分析在适当时刻应采取的措施，在遵守交通规则的前提下安全驾驶和步行，珍惜自己和他人的生命。该阶段还要让学生了解交通事故发生时的责任问题和赔偿问题。采取正确的急救手段可以减轻伤害程度，而每项应急措施都必须按照一定的步骤进行，急救措施是在伤害事故发生时以延缓身体随着时间的流逝而损坏的状况下进行的，所以必须迅速进行。

（2）公民课

公民课主要内容涉及公共和政治经济。公共部分主要让学生了解我们作为独立的个体要参与到社会建设中去，适当、有效地收集与现实世界中各种问题相关的材料，掌握必需的阅读和组织技能。在政治经济方面，要了解现代日本的政治经济问题，通过对现代日本社会的各种课题进行探究，指导学生与他人协作，创建可持续的社会。

（3）地理课

地理课涉及科学和人类生活、地学基础、地学三个方面。首先在科学和人类生活方面，指导学生通过对日常生活、社会中的事物所利用的科学技术进行观察，掌握相关的知识技能；对自然景观和自然灾害进行观察，了解身边自然景观的形成和自然灾害与人类生活的关联，注意到地区的自然景观及其变化，自然灾害与地区的地质、地形、气候等特性以及地球内部能源的变动之间的关联。

其次在地学基础方面，使学生学习了解地球的模样，通过对地球形态的观察，掌握相关知识和技能。如学习活跃的地球时，要基于与火山活动和地震有关的材料，了解与板块运动有关的火山活动和地震发生的机理。学习变动的地球时，通过对不断变化的地球的观察，学生意识到保护自然环境的重要性，了解日本的自然环境并认识自然环境与人类生活之间的关系，如它们所能带来的利益和灾难。

最后在地学方面，要学习地球的活动和历史，如地震和地壳变动则要根据有关世界各地地震源分布的资料，了解与板块运动有关的地震活动的特征，并了解伴随的地壳运动。

第四节　日本高等教育的历史沿革

一、日本高等教育的发展进程

关于战后日本高等教育的时期划分，学者们从不同的研究视角，根据不同的研究需要，对其进行了多种方法的划分。

例如，日本学者天野郁夫以三次教育改革为节点对日本高等教育进行时期划分。其指出日本第一次高等教育改革在明治初期，以《学制》的颁布和实施为标志。第二次是相距第一次教育改革有 120 年之久的战后学制改革。第三次是 70 年代开始呼吁，但到 90 年代前后才付诸行动的关于"自由化、个性化、多样化"的教育改革。1973 年 6 月，美国教育社会学家马丁·特罗提出了高等教育发展的三阶段理论。其认为当高等教育的毛入学率低于 15% 时，高等教育发展处于"精英"阶段，高等教育的毛入学率在 15%～50%，高等教育处于"大众化"阶段，高等教育的毛入学率超过 50% 时，高等教育进入"普及"阶段。该理论得到学界广泛认可。虽然天野郁夫等学者纷纷指出马丁·特罗这一理论套用在日本高等教育的现实中存在着诸多问题，但该理论仍被广泛应用于日本高等教育的研究中。许多学者也以此作为日本高等教育发展进程的分期依据。

（一）高等教育大众化进程

日本学者伊藤彰浩着眼于日本高等教育大众化的发展过程，以不同时期学生数量的变化及促成这种变化的背景为依据，对战后日本高等教育的发展进行了时期划分。伊藤彰浩将战后日本高等教育的发展分为五个阶段。

第一阶段为 1945—1960 年——日本高等教育大众化的"开始期"。这一时期国家开始整合各种原有的多样的高等教育机构，设置新制大学，增设各种私立大学，是构造日本高等教育基础的时期。伊藤彰浩指出，日本高等教育的大众化主要依托于私立大学，这一时期日本高等教育在学人数已有高涨的趋势，且 95% 的学生归属私立大学。

第二阶段是 1960—1975 年——日本高等教育大众化的"扩大期"。这一时期是日本经济高度增长时期，也是日本高等教育史上最大规模的扩张时期。只这一时期大学在学人数就增加了 100 多万人，增加率接近 18%。战后日本大学在学人数的一半几乎都是这一时期增加的。其增长的主要原因在于这一时期日本经济飞速发展，国内急需大量理工类人才。且适逢日本战后第一次生育高峰，18 岁人口激增。

第三阶段为 1975—1986 年——日本高等教育与之前的"扩大期"相比，可以说是出现了戏剧性的变化。大学学生数量的增加率仅约有"扩大期"的 1/25，伊藤彰浩称之为日本高等教育大众化的"停滞期"。造成这一现象的原因在于，受 1973 年第一次石油危机的影响，日本的经济发展进入尾声，政府不得不在政策上进行大力度的调整。日本高等教育也受其冲击发生了一系列的联动变化。

第四阶段是 1986—2000 年——日本高等教育大众化的"再扩大期"。这是 1975 年以来日本高等教育第二次大规模的扩充。相对于第一次政府政策强力扶植下的激烈扩充，这一次的扩充主要是因为适逢日本人口变迁史上第二次生育高潮。从 1986 年到 1992 年期间，日本的 18 岁人口突增，政府不得不采取扩充的方式来应对此次冲击。其结果就表现在各大学招生人数增加。据统计，这一时期日本高等教育的入学率较上一个扩大期，上升了 16 个百分点。

第五阶段是 2000 年以后，日本高等教育仍持续扩充，到 2012 年，高等教育入学率增加了 11 个百分点。表面上看和上一次扩充在时间上是连续的，但此时期的扩充与之前相比现实情况大有不同。伊藤彰浩称之为日本高等教育大众化的"再扩大期"，也就是日本高等教育史上第三次扩充。这一时期日本各高等教育机构的在学人数没有太大变化，但公、私立大学增加了约 150 所。小规模大学的增加和现有大学规模的扩大并没有带来学生人数的增加，是一场"虚拟"的扩充。

可以说日本高等教育的大众化是在"政府"与"市场"两方面的主导中进行的。我国学者张玉琴指出，20 世纪 60 年代至 90 年代，日本高等教育先后步入大众化和普及化阶段，21 世纪步入后大众化阶段。

（二）周期变化发展进程

2000 年，日本学者山本真一在总结分析日本高等教育历史和现状的基础上，提出了日本高等教育的"十五年周期"说。其认为日本的高等教育每隔 15 年便会迎来一次重大的变革。2005 年日本东京大学教授矢野真和在广岛大学召开的中日高等教育论坛上，从不同的研究视角出发，同样肯定了这一学说。事实也正印证了他这一学说。山本真一的"十五年周期"学说如表 3-4 所示。

表 3-4 围绕高等教育体系的时代划分

时代划分	升学率	高等教育概括
1945—1960 年 政治时代	升学率不满 10%	战后结构建立；新制大学；大学自治；学术自由；战后复兴
1960—1975 年 经济时代	升学率从 10% 上升到 40%	考试竞争激化；大众化的变形；大学纷争；"团块世代"的通过；经济高度增长；中教审昭和 38 年报告；中教审昭和 46 年报告
1975—1990 年 计划时代	升学率在 35%～40%	高等教育计划；新构想大学；推动私学；专科学校制度；18 岁人口增加；行政财政改革； 大学设置审议会报告；临时教育审议会报告

时代划分	升学率	高等教育概括
1990—2005 年制度改革的时代	升学率从 40% 上升到 50%	大学设置基准大纲化；大学评价；国立大学法人化； 竞争资金增加；18 岁人口减少；经济构造改革； 大学审议会 1998 年报告；中教审 2005 年报告
2005—2020 年体制变革的时代	升学率在 50～55%	生涯学习机构；科学技术和大学；国际性质量保证； 大学的多样化；18 岁人口稳定（2010 年）；知识基盘社会；中教审报告

山本真一将 1945 年到 1960 年这 15 年称为"政治时代"。经历了长期战争的消耗和破坏，无论是经济层面还是教育层面，日本都面临着重大改革的需求。从高等教育层面来说，这一时期日本全国高等教育升学率不足 10%，高等教育系统百废待兴，日本政府开始大力着手教育改革新政策的制定和实施。如重组旧制大学，建立新制大学，要求大学自治及学术自由，基本完成了日本现代高等教育体系的基础构建。到 20 世纪 50 年代后期，日本进入经济高度增长期。经济的快速增长和民众个人所得的增多，同时拉动和促进着高等教育的发展。

山本真一将 1960 年到 1975 年的这 15 年称为高等教育的"经济时代"。这一时期的特点是日本高等教育开始大幅度扩张，升学率从原来的不足 10% 上升到 40%，考试竞争日益激烈。但正是这种激进的、急速的、变形的量性扩张使得学生和学校、学生和教师、教师和教师之间的矛盾升级，大学纷争不断。中央教育审议会（中教审）在昭和 38 年的报告中指出，与原来的"象牙塔"似的存在相比，大学越来越多地承担起社会责任，发挥社会作用。中教审昭和 46 年的报告在日本高等教育政策史中更是有划时代的意义。该报告明确提出了政府应保障所有国民依照自身能力享有高等教育机会均等的权利，并从缩小教育条件差异的角度出发，提出奖学金制度的充实、必要的教育机构的扩充、适当的地区配置等建议。

1975 年到 1990 年是"计划时代"。这一时期，18 岁人口数量增加，同时为适应经济飞速发展的需求，日本政府开始有计划地发展高等教育。高等教育恳谈会在 1976 年 3 月提交名为《高等教育的计划性整备》的报告，该报告制订了为期十年的高等教育发展计划，使得高等教育的规模不断扩大，并着重加强了理工科的教育。无论是私立大学（含短期大学），还是专科学校，在这一时期都获得了长足的发展。同时，该时期中央教育行政机构的教育决策权进一步加强，并提出地方教育行政与其他行政（政界、经济界）"一体化"的要求。日本政府于1984年设置临时教育审议会。从1985年开始临时教育审议会连续发表了四次咨询报告。学术界普遍认为"临教审最初的姿态是要对教育的所有领域包括文部省的行政进行检讨，提出全新的教育改革方案，然而结果是仍然未能跳出过去的框框"。20世纪90年代被誉为日本第三次教育改革得以迅速开展的年代。

由于日本社会严重的少子化现象，2005年到2020年成为日本高等教育史上一个重大的变革周期——"体制变革的时代"。山本真一认为，2020年以后日本可能出现18岁人口减少的现象，所以高等教育阶层不得不在这一时期进行积极的体制改善。这并不是单纯的制度改革，而是要求大学在经营管理的实态上进行彻底改革。这也是大学在"知识基盘社会"中把握主导权的必要过程。能够把握主导权的大学将迎来崭新的未来，而不能把握主导权的大学，甚至整个高等教育界将陷入深深的泥潭。

（三）女性主义视角的发展进程

日本学者天野正子于1986年编著了《女子高等教育的坐标》一书，该书从女性主义的视角纵观女子高等教育的发展历程，立足于日本社会、高等教育界对女性的"性别作用"的观念变化，并结合日本女子高等教育发展的现实轨迹，将日本女子高等教育分成"战前近代化和女子高等教育——性别作用分配的确立过程""战后大众化和女子高等教育——性别作用分配的流动化过程"两部分。其指出，战前日本女子高等教育游移在两种社会女性观的质控之下。一种是"性别作用流动化"，即使女性在生存方式上获得更多的选择。另一种是"性别作用固定化"，即按照国家及产业社会的需要，给女性制定各种限制、规定，让女性掌握有别于男性的"知识"，以塑造适应时代需要的女性。"二战"后，随着日本政治制度、法律等的改革，围绕着女子高等教育的制度性的基盘也产生了巨大的变化。女子高等教育迅速发展，气势如虹，与战前女子高等教育的萧条景象完全不同。但是，这种迅速的扩张，说到底还是数量上的增加，校园内的男女差异依旧明显。女性依然集中在特定的大学、特定的专业。天野正子称其为"女性专用轨道"，并指出，战后女子高等教育虽有了"量"的扩大，但受外部社会顽固的性别分化观念的影响，在动摇社会男性中心价值观的本"质"上还存在大量问题。

再者，日本学者三泽和子在其著作《女性的学习与意识变容》中，着重考察"二战"以后 2000 年以前日本女性的学习及其意识的变化，并根据不同社会背景下，不同日本社会女性观对女性学习内容、学习环境等的影响，对日本女性学习意识发展变化的历史进行了时期划分。三泽和子指出，战后日本宪法明文规定"男女平等"，以此为基础，女性学习场所在全国范围内普及开来。这可以看作日本女性学习意识发展的第一个时期，时间从 1945 年到 1960 年。1960 年以后，日本进入经济高度增长期，"男主外，女主内"的性别分工成为当时日本社会的主流思想，受其影响，附带有"保育"服务的讲座在日本各地展开，这可以看作日本女性学习意识发展的第二个阶段，即从 1960 年至 1975 年。1975 年以后，1990 年以前，国际性的女性学习、活动等愈发频繁，对于女性学习场所的称呼，也从"妇女学习场所"变更为"女性学习场所"，此为日本女性学习意识发展的第三阶段。1990 年以后，为促进"男女共同参与社会事务"的实现，针对男女不平等问题的讲座在各地展开，女性学习机会不断增多，此为女性学习意识发展的第四个阶段。由于受研究对象的限制，三泽和子对日本女性学习意识发展的分期截止到 2000 年，对 2000 年以后日本女性学习意识的变化没有过多的描述。虽然三泽和子的分期不是单一针对日本女子高等教育的，但其研究成果反映出的女性主体意识的变化对日本女子高等教育分期研究来说有重要的参考价值。从三泽和子的研究成果来看，日本女性学习意识也基本呈现 15 年一变化的现实情况。

二、日本高等教育的发展趋势

（一）高等教育走向普及化

从 20 世纪 50 年代后半期开始，日本高等教育的入学率虽有一时波动，但总体上呈快速上升趋势。1954 年，日本大学和短期大学的入学率（占 18 岁人口的比率）为 10.1%，2015 年已升至 56.5%。包括专门学校在内的日本高等教育机构的入学率在 1976 年为 42.7%，到 2015 年已经达到 79.8%。若是仅从入学率来看，日本高等教育在"量"上已经实现了由大众化向普及化阶段的过渡，但并没有同时伴随着"质"的提升。特别是在日本 18 岁人口长期减少和普及化的共同作用下，教育质量更是难以保证。如何合理定位各级各类高等学校，提升教育质量成为当下日本高等教育转型发展面临的重大课题。2013 年，日本政府将"明确大学的特色并推进基于此的各功能分化"作为基本政策列入第 2 期教育振兴基本计划中，同时提出通过对私立大学的补助金分配、国立大学的预算和人员配置的重新调整来促进"功能分化"政策的实现。实现大学的功能分化，对于明确大学的发展目标、增强大学核心竞争力、促进高等教育整体质量的提升具有重要意义。尽管日本现有大学类型多样，但以高素质应用型人才培养为功能的高等教育机构是缺失的，因此，实施实践型职业教育的专门职业大学的制度化是完善和发展日本高等教育的坚实一步。

受社会经济形势的变化以及高等教育普及化等因素的影响，学生的需求也变得多样化。2005 年，有 56.5% 的日本高中毕业生的升学理由是"想要学习对将来有用的专业知识和技术"，2012 年，这个比例已经上升至 77.2%。同时，随着进一步提升职业技能的必要性的凸显，社会人员对接受继续教育的需求高涨。在日本有关继续教育的意向调查中，89% 的社会人员回答"想要接受继续教育"或"非常感兴趣"。为应对新一轮科技革命和产业变革，有必要为社会人员提供更高层次的学习机会，满足不同学历背景人群和社会人员的需求，构建便于社会在职人员继续学习的教育机制，为打造终身教育社会提供支撑。

另外，当今日本社会被称作学历主义社会或学历社会，高中毕业后，约半数的人进入大学中学习，比起想学什么，这些学生更重视的是进入哪一所名校，接受哪一级的学校教育，学校教育中心主义在日本人的教育观中占据中心地位。结果，没有认真考虑将来的生活和工作方式就升入大学，在大学也没有充分掌握职业意识和职业自立能力的人不在少数，造成了年轻人失业率高、早期离职等问题。日本企业指出的当代大学生所欠缺的能力中，排名前三的分别是创造能力、对产业技术的理解能力和沟通能力，因此应加强实践型的教育。然而，日本社会整体对职业教育的认识不足，导致职业教育被扣上"二流教育"的帽子。因此，创立一个与学术教育并列，最贴合实践型人才培养的新型高等教育机构，不但可以成为高中毕业生重视对未来生活方式和工作方式选择的契机，而且有望带来大众对职业教育社会意识的改变，增强职业教育的吸引力，提高其社会评价。

从实现高等教育功能分化、满足和适应学生的多样化需求以及提升职业教育社会地位的观点出发，新设专门职业大学已是大势所趋。

（二）现有高等教育人才培养的桎梏

日本的高等教育，主要由大学、短期大学、高等专门学校以及专门学校承担。对于大多数年轻人来说，高等教育是踏入社会前的最后一个教育阶段，在这个阶段，给予学生从学校向社会、职业过渡的职业教育机会是非常重要的。短期大学、高等专门学校和专门学校是日本高等教育阶段实施职业教育的主体机构，高等教育在规模扩张的过程中，也充实和强化了生涯教育和职业教育功能。但是，在新形势下仅依靠日本现有高等教育机构来解决职业教育的人才培养问题是有难度的。

大学是学术教育和研究的场所，这是长期以来人们的共识。日本的大学在改革过程中，积极吸收职业教育功能，但实际上学术色彩的教育倾向仍较强，职业教育定位不明确，并且经常受到社会的批判。日本 2014 年的调查报告显示，在大学中参加过就业体验活动的学生占 2.6%，在短期大学中参加过就业体验活动的学生占 4.4%，均处于较低水平。从日本大学的在籍学生比例构成来看，人文科学系在读学生占 14%，社会科学系在读学生占 32%。与此相对，理学、工学、农学合计占 20%，保健、家政、教育合计占 20%，剩下的占 14%，可见日本大学的一大特点就是所谓的文科领域学生众多。除了医生、学校教师等以取得职业资格为入学条件的职业以外，日本大学并没有实施以培养特定职业的人才为目的的职业教育，更没有形成与企业等合作实施实践型职业教育的特殊结构。大学研究生院在设立专门职业研究生院之前，基本上也只限于学术研究人员的培养。2002 年，为加强接受高层次专业教育的理工科专门职业人才的培养，日本中央教育审议会发布《关于大学研究生院高度专业人才的培养》，设立专门职业研究生院，培养高素质的特定职业领域的专业人才。随着劳动雇佣和社会需求的变化，以学术性和体系性为基础的大学教育，在迅速应对职业的多样化、流动化和产业要求等方面还不够充分。

短期大学的职业教育特征是建立在教养教育的基础上，扎根于地域，注重根据当地的发展需要及时调整专业和学科设置，具有强烈的地方特色。短期大学中女性学生居多，在学科设置上偏重教养和人文科学。2014 年度日本学校基本调查的结果显示，短期大学中各专业领域的学生数量："教育"（37.4%）、"家政"（18.7%）、"保健"（9.7%）占据前三，以成为保育员、幼儿园教师、营养师、厨师、护士、理疗师等为目标的学生很多。2005 年，短期大学通过日本《学校教育法》的修订，成为拥有学位授予权的合法大学，短期大学的毕业生可获得"短期大学士"学位，这在一定程度上增加了短期大学的吸引力。总体来说，短期大学作为女子短期高等教育机构，结合教养教育和专门职业教育，主要提供获取某种资格证书或文凭的教育。随着社会形势的复杂化，对职业技术人才所要求的能力也在高度化，2 年制的短期大学在修业年限范围内几乎无法进行教育课程以外的活动，学校实践教学质量得不到有效提高。再者，短期大学的入学门槛不高，教育层次水平较低且在学科设置上偏文，难以应对社会对高级专业技术人才的需求。

　　高等专门学校以培养职业所需的能力为目的的，注重实施以工业领域为中心，基于理论的重视实验、实习的专业教育，培养在广泛职业领域活跃的实践性、创造性技术人员，获得了产业界的高度评价。其招收对象为初中毕业生，实施初中毕业后的 5 年一贯制课程，通过对理论课程和专业实践课程的平衡设置，使得学生掌握技术人员所需的良好的教养、系统性的专业知识和专业技术能力。据 2016 年日本学校统计，全国共有 57 所高等专门学校，其中 51 所为国立，3 所公立，3 所私立。因为不是大学，所以高等专门学校的毕业生只能得到"准学士"的称号。

　　此外，高等专门学校的毕业生中约有 40% 通过日本"大学编入学制度"编入大学等学校，可以说高等专门学校几乎是"四年制大学的预备学校"。由于规模小，专业局限于工业系和商船系，又以从后期中等教育到高等教育的一贯制教育为特色，所以高等专门学校在制度上无法满足高中毕业生和社会人员的职业教育需求。

　　专门学校不是日本《学校教育法》第一条规定的学校（一条校），在学校教育体制之外，所以制度的自由度很高。迄今为止，日本专门学校有效利用自由度高的制度特性，灵活应对社会需求开展了各种各样的职业教育，通过充实实习实用技术等，在培养关于特定职业直接必要的实践知识和技能方面具有显著优势。专门学校根据不同的教育目的设有 8 大专业领域，分别是工业、农业、医疗、卫生、商业、教育·社会福祉、服饰·家政和文化·教养，是日本高等职业教育的主流。近年来，专门学校在数量上有所发展，质量上也有所提高。2018 年，专门学校的入学率为 22.7%，在总体规模上仅次于大学。尽管如此，专门学校还是无法填补与"一条校"的差距（学校毕业证明、学生优惠、国家财政预算等），且教育质量难以保证。2002 年，日本全国专修学校总联合会提出"专门大学"的构想，2006 年以后，更是致力于推进专门学校的"一条校化运动"，提出"保留现有专修学校制度，同时创设新的学校种类，并规定在《学校教育法》第一条"的方针。与此相呼应，日本文部科学省的专门学校改革也在进行中，例如，2007 年设立"专修学校振兴研讨会"，2013 年创设"职业实践专门课程"认定制度。"职业实践专门课程"顾名思义是指以培养职业所必需的实践能力，提高专门课程的实践型职业教育水平为目的的课程，由文部科学省牵头，行业或企业密切参与到专门学校的各项工作环节中去，包括产学合作编制教育课程、聘任具备实务经验的教师等内容。这部分内容最终也反映在了专门职业大学的制度设计之中。因此，这项改革被称作日本创建实践型职业教育新框架的先导性试行。然而，将专门学校纳入"一条校"在制度上很难实现，"非大学机构"也无法应对职业教育的层次上移，创建一个新的学校种类势在必行。

综上所述，日本高等教育阶段的职业教育在实践中不断深入发展。但是，日本高等教育体系中，职业教育一直没有明确的制度定位，与大学具有同等地位且可以授予学位的职业教育机构是缺失的。况且，在瞬息万变的社会形势下，日本现有的高等教育机构已无法充分应对社会的变化和需求。为此，日本文部科学省以"创设一个新型高等教育机构"为大前提，开始构筑新的高等职业教育模式。

第五节　日本师资培养教育的历史沿革

一、日本师资培养教育的历史

日本于明治维新后的 1872 年在东京创办了第一所师范学校。1886 年 4 月 10 日，明治政府颁布的《师范学校令》规定：师范学校的目的在于"培养教员应有的品德和学识，以及培养顺良、信爱、威重的气质"。并且认为，军事训练是培养气质的有效方法。师范生一律寄宿，接受军营式训练与管理。师范学校在体系上分为寻常师范学校和高等师范学校两级。前者招收高等小学毕业生，主要培养小学教师，每个府、县各设一校，教学经费由地方筹措；后者招收寻常师范学校毕业生，主要培养中学教师，只在东京设一校，经费由国库统一拨给。师范学校的学生需服从国家的安排选择学科。师范生一律公费，享受助学金，但毕业后必须到指定的教学岗位工作。农村学生一般回农村任教。

《师范学校令》在日本的师范教育史上具有重大意义，因为它使师范教育成为独立的体系。

1897 年，明治政府颁布《师范教育令》，对 1886 年颁布的《师范学校令》进行了一些修改。首先，将原来的寻常师范学校改称为师范学校，原高等师范学校的名称不变。其次，对两种师范学校的招生对象和学制做了些改变。

明治维新以后，在大正和昭和年代，日本的师范教育也发生了很大变化。师范教育在日本原来属于中等教育程度，为了提高师资质量，以适应军国主义的需要，1943 年昭和政府对原来的《师范学校令》进行了修改：其一，师范学校教育过程必须彻底灌输帝国主义思想，培养未来的教师绝对信奉天皇，信奉军国主义政策，使之能胜任教育他人的工作，为日本帝国培养所谓"合格的"国民；其二，师范学校入学资格提高到初中毕业，学制 3 年，这样就使师范教育和高级中学程度相同，提高了师范教育的地位；其三，各府、县设立的师范学校一律改为官办学校，各地青年学校教员养成所也改为官办师范学校，强化了国家对师范教育的管理。由此可见，日本军国主义政府在战时教育体制中非常重视师范教育，期望师范教育为其侵略政策的贯彻发挥更大的作用。

战后日本分阶段地对学校教育进行改革，仿照美国的师资培养制度，废除了师范教育体系，中小学教师一律由大学培养，决定废除"师范"这一名称，把原来的"师范教育"改名为"教师养成教育"（教师培养教育）。

与教师培养制度密切相关的是教师许可证制度。1949 年 5 月 31 日，日本颁布了《教育职员许可法》，即凡是教师都必须取得许可证书才行。要取得教师许可证，就必须具有大学或短期大学学历，并修完规定的教育学科及专业课程，取得规定的学分，考试合格后，由各级教育委员会发给教师许可证书。这样既有利于广开师资培养门户，又有利于提高师资的文化水平。

二、日本师资政策的历史发展

日本十分重视以立法的形式保障教师的社会地位和工资待遇。日本义务教育阶段教师不仅在法律中被明确为公务员群体，而且在公务员制度中也拥有特殊的身份和待遇。支撑其特殊地位的法律有 1949 年颁布的《教育公务员特例法》、1952 年颁布的《义务教育费国库负担法》，改善其工资待遇的法律有 1972 年颁布的《国立公立义务教育各学校教师工资特别措施法》（简称《给特法》）及 1974 年颁布的《人才确保法》。21 世纪以来，为适应教育发展需求，日本对之前的相关法律进行了修订和完善。日本政府在不同时期通过不断修订和完善相关法律制度和政策体系，有力保障了义务教育阶段教师的社会地位和工资待遇。

（一）"二战"前——教师是"神圣天职"却要"甘愿清贫"

明治维新时期，从事教师职业的大部分人是曾经在私塾教书的先生，因明治维新而失业的武士，会读书写字的僧侣、神官等，而这些人或是武士阶层出身，或是知识分子群体，所以享有较高的社会地位。

1885 年日本引入内阁制度，从这一时期开始，其在学术及技术方面受到德国的影响。日本第一任文部大臣森有礼曾担任过驻美国、英国的外交官，具有开明的思想，他充分认识到初等教育在国民教育中的重要性，开始重视师范学校的作用。他一方面要求学校培养的师范生将来成为服从上级命令、关爱同事、值得信赖、严格规范儿童行为及态度的负责任教师，并免除上学期间师范生服兵役、学费及食宿费，还特别发放杂费补贴及衣物；另一方面则要求这些师范生毕业后要认真履行供职教师的义务，高标准、负责任地做好教师工作。森有礼通过各种优待措施培养国家急需的教师，为日本实现近代化培养了人才，也通过教育达到了强化国民道德进而促进国民精神统一的教育目的。

1897 年日本新的《师范教育令》颁布，当时由于受"教师＝圣职"这一观念的支配，教师需要具备高尚的人格，拥有卓越的职业伦理观念，教师与政府官吏、军人具有同等的威信和地位，是受人尊重的光荣职业。但该时期日本教师的工资待遇并不尽如人意。虽然政府通过一系列的改革措施保障教师的工资待遇，但收效甚微。教师政策通过法律保障了教师的基本工资，但是由于教师工资是参照天皇官吏的工资发放的，所以处在行政底层的教师的工资只能勉强维持基本生活。

到了明治后期，随着日本军国主义不断向外扩张，日本教育政策的军国主义色彩渐浓，尤其是日本参加第二次世界大战后，明显强化了军国主义教育，将 1941 年之前的小学全部改称国民学校，《国民学校令》明确规定，从初等教育阶段开始要进一步加强国家主义教育。到了战争后期，教师也被强招服兵役，导致 1945 年战争结束时日本教育系统几乎完全处于瘫痪状态。在身份上，小学教师始终被当作公职人员对待，但由于教师是市町村雇佣人员，所以他们的工资待遇不佳，且随着军国主义抬头，开始扩张军备，战时的日本，一方面不断强调教师是"圣职"，另一方面在中央高度集权体制中，又使教师处于教育行政组织的末端，没有自主性行为，也不能进行自律性活动，只能遵照上级命令行事。因此，教师不仅受"圣职"的职业伦理观念的束缚，而且经济待遇低下，社会地位不稳。

直到战败，日本教师都被认为是神圣的职业、天赋的职务，且被认为要甘愿忍受清贫。因此战前的日本教师，虽然地位上相当于官吏，但实际处境与官吏相差甚大，工资水平远低于官吏。

（二）"二战"后——全方位立法提高教师的地位和待遇

战后日本政府主张教育民主、教育公平的理念，坚持教育机会均等、确保质量、强制免费的基本原则，并为吸引视野广阔、专业知识渊博的优秀人才从事教育事业，相继颁布了保障和改善教师地位和待遇的法律。

日本文部省在 1947 年 3 月制定的《教育基本法》第 6 条规定，在"尊重教师身份"的基础上，构想建立有别于一般公务员的法律体系，以确定教师的特殊身份，如教育改革委员会推出"教师身份法构想"，文部省推出"关于教师身份的法律"等。但这些法律因受限于 1947 年颁布的《国家公务员法》，未能将私立学校教师纳入公务员体系，只能以一般公务员法为前提推进教师相关制度的制定。文部省以国立公立中小学教师的职务和责任的特殊性为由，坚持设置一些特殊事项，以与一般公务员加以区别对待。

随着 1948 年 7 月 15 日《教育委员会法》的确立及国家公务员法的修订，上述教师相关法案也需要修改，于是政府撤回这些法案，重新以"教育公务员特例法"为名，再次提交国会。国会审议通过，并于 1949 年 1 月 12 日公布了此项法律。《教育公务员特例法》作为教育公务员的"特例"是指：关于义务教育阶段教师录用升迁的特例、关于结核病（教师职业病）休假的特例、关于进修的特例等。虽然特例的范围有所缩减，但上述这些特例不适用于其他公务员，仅适用于教育公务员。从这里可以看出，该法虽然是以一般公务员法规定为前提制定的，但教育公务员被赋予了有别于一般公务员的评价体系。

另外，为维持和提高教育质量，保障教育机会均等，确保拥有一支优秀的教师队伍，日本政府于 1952 年制定《义务教育费国库负担法》，恢复并完善了一度中断的义务教育费国库负担制度，加大了中央财政对于义务教育阶段教师地位待遇的支持力度。《义务教育费国库负担法》规定，占义务教育经费大半的教师工资（包括津贴在内的收入）的 50% 由国家财政支付，有效减少了因地区、经济发展不平衡导致的学校、地区之间存在的差异。

以上法律的实施从根本上保障了义务教育阶段教师的特殊身份和教师公务员的社会地位，对于维持全国教师队伍稳定，避免因地区、经济发展差异而导致师资不均现象的发生起到了重要的作用。虽然《教育公务员特例法》规定，教育公务员的待遇要高于一般公务员，《义务教育费国库负担法》规定，义务教育阶段教师的薪酬补贴由国家财政负担二分之一，但这些法律并没有体现对义务教育阶段教师工资待遇的优待。那么，日本政府是如何通过法律改善义务教育阶段教师工资待遇的呢？

战后日本政府虽然通过制定法律保障教师的地位，但教师的工资与普通公务员、民间企业的员工相比并无优势，且随着经济复兴，一些行业工资水平大幅度提高，而教师工资待遇与之相比差距越来越大，教师职业吸引力下降，许多优秀的人才纷纷选择教师以外的其他高收入行业，导致教育行业人才不足。同时，这一时期教师工会因为教师经常超负荷工作而政府又不支付教师加班津贴等问题，与政府的矛盾越发突出，并就其是否违反《劳动基本法》而引发诉讼。文部省对教师工作情况进行了调查，结果显示，教师加班现象非常普遍。为保证教师队伍的稳定及改善教师待遇，日本政府于 1971 年制定了《国立公立义务教育各学校教师工资特别措施法》（简称《给特法》），对于教师的超负荷工作，政府不支付加班补贴，而是通过支付教师调整额（相当于基本工资的4%）来进行补贴。本法是根据义务教育阶段教师的职务及其工作性质的特殊性，就其工资及其工作条件制定的特例法，于1972年1月开始实施。《给特法》的实施，引发了围绕义务教育阶段教师职务的性质、教师岗位的专业性及重要性等问题的社会讨论。

在这一背景下，一方面为确保更多优秀人才从事教师职业，另一方面为避免在岗教师辞职转岗，日本政府于1974年颁布了《人才确保法》。自1973年开始，日本实施了三次教师工资改善方案。

战后日本政府通过出台一系列法律，保障和改善了义务教育阶段教师的社会地位和工资待遇，以确保师资均衡，吸引优秀人才，进而为实现教育民主、教育公平的理念发挥了巨大作用。义务教育阶段教师在公务员制度中之所以拥有特殊的身份和优待，是因为有《义务教育国库负担法》《教育公务员特例法》《国立公立义务教育各学校教师工资特别措施法》《人才确保法》等相应的法律做支撑保障。

（三）21世纪以来——教师工资优于公务员的制度保持不变

21世纪以来，为更好地适应经济社会发展的需要，并应对教育行政改革中地方政府分权意愿的加强，日本政府开始实施新一轮义务教育改革，相继完善和修订了相关法律内容，最大限度地保障了新时期义务教育阶段教师的社会地位及工资待遇。2004年，随着国立学校法人化的实施，《教育公务员特例法》第25条第5项规定的"义务教育阶段公立中小学教师工资水平依据国立学校教师工资水平制定"这一条款被删除，各地方政府参照《地方公务员法》制定了义务教育阶段教师工资标准，此标准同时还要适用《人才确保法》的规定。这就既使得各地方义务教育阶段教师的工资体系有一定的自主性，又保证了义务教育阶段教师工资整体优于地方公务员。

教师工资调整额及义务教育教师特别津贴分别通过《给特法》及《人才确保法》得到保障。21世纪初义务教育阶段教师的月工资平均为41.045万日元，比一般公务员的月平均工资39.9128万日元高2.76%。

《义务教育费国库负担法》长期以来被指效率不高，抑制地方自主管理和调控的积极性等。该法虽然在集中调配教育资源和人力资源方面发挥了巨大作用，但随着行政改革引发的地方政府分权愿望日益强烈，地方政府迫切希望废除义务教育国库负担制度。日本文部科学省考虑到义务教育的重要性，以及担心地区差异导致教师待遇不同步而影响义务教育质量，坚持保留义务教育国库负担制度，但迫于各界压力，作为折中解决办法，日本政府于2004年导入义务教育费国库负担的"总额裁量制"，在经费使用上做出调整。2006年日本对《义务教育费国库负担法》进行修订，规定义务教育阶段教师工资中，国家承担的比例由二分之一下调到三分之一。通过上述富有弹性和灵活的措施，中央政府在一定程度上满足了地方分权的要求，同时又维持了教育均衡，保证了教育质量。

另外，因为经济不景气和财政紧缩，关于《人才确保法》的废存及完善修订《给特法》等问题引发了广泛的关注和争论。2005年12月，日本内阁通过的《行政改革重要方针》明确提出要重新审视《人才确保法》。2006年6月通过的《行政改革推进法》第56条第3项明确提出就《人才确保法》的废除问题进行商讨。2006年7月日本内阁实施的《关于经济财政运营与结构改革的基本方针（2006）》主张降低教师工资，以消减《人才确保法》中义务教育阶段教师优厚待遇，推进设立新的激励机制，建立富有弹性的教师工资体系。针对消减教师工资待遇的一系列措施，主张保留《人才确保法》的文部科学省与主张修改乃至废除该法的总务省和财务省之间展开了针锋相对的争论。日本教师工资改革出现了两难局面。经济不景气等财政问题导致总务省、财务省要求缩减教师的优厚待遇，乃至废除《人才确保法》，而文部科学省主张要确保义务教育阶段教师的优厚待遇，担心一旦废除该法，义务教育阶段教师的工资将低于一般公务员，进而导致优秀的人才离开教师岗位。最后，文部科学省与财务省、总务省就缩减教师工资这一问题达成一致，其内容主要是消减教师高于一般公务员月平均工资2.76%这一比例。为此，文部科学省制定的具体实施计划有：①消减义务教育教师特别补贴；②停止按标准工资4%发放教师调整额；③从事残障儿童教育相关调整额减半。一系列缩减教师工资的措施的实施，使得义务教育阶段教师的工资在一定程度上有所减少，但由于受到教师工会等团体组织的反对，2010年该缩减计划被撤回，教师调整额维持原来发放规则，但义务教育教师特别津贴和残障儿童教育相关调整额被缩减。近几年，虽然日本经济步履蹒跚，但教师工资一直稳定在较高水平。

第四章 日本其他教育的历史沿革

日本向来重视教育，重视人才资源的开发。伴随着近代学校教育制度的诞生，日本的其他教育也应运而生。本章分为日本家庭教育的历史沿革、日本社会教育的历史沿革、日本技术教育的历史沿革、日本企业内教育的历史沿革四部分，主要包含日本家庭教育的现状、日本社会教育的发展历史、战后日本技术教育发展历史沿革、战后日本企业内教育的形成和发展等方面。

第一节 日本家庭教育的历史沿革

一、日本家庭教育的现状

日本的文化本就受着中国很大的影响，包括教育。在日本，基本是把系统的课程都委托给了学校，父母只要做好督促和支持。日本重视自立教育，在孩子很小的时候就会督促着孩子整理自己的房间，在家中帮忙做家务，多做自己力所能及的事；同样也非常注重"武士道精神"教育，在生活中培养孩子坚忍不拔、顽强拼搏的品质和精神。在冬天的时候，不少的家庭也包括学校，常常会让孩子们在户外脱光衣服用冷水擦拭身体，并且做早操或者跑步，在锻炼身体的同时，培养顽强的意志。在日本的教育中，意志是非比寻常重要的。在"二战"时期，日本报纸上曾刊登着这样一则新闻：一个战士带着惊人的情报回来了，虽然身负重伤，面色惨白，然而目光炯炯有神，行动灵活有力。然而在他报告完所有的消息后就应声倒下，再也没起来，大家才发现原来该战士早已断气，肉体早已死去，然而精神却还活着，从而支撑着他回来继续报效国家。很多外国人觉得这是自欺欺人，是非常可笑的，然而日本民众却深信不疑，并感动万分。同时，在家庭教育中，父母对孩子的礼仪学习，以及美德学习也都是非常重视的。一个非常出名、感动了万千人的电影《忠犬八公的故事》就是取自日本的小学课本，讲的是一个教授不顾家人的反对，收养了一只叫哈奇的秋田犬，后男主人公死去，该犬没日没夜地在教授去上班的车站等候着主人的归来，直到生命的最后一刻。为了纪念这只忠诚的秋田犬，日本还在该市修建了一个秋田犬的雕像。

然而日本的家庭教育也有其弊端，家庭等级制度中的长幼尊卑是异常明确的，孩子要知道长者的权利、男人对女人的权利、兄长对弟弟的权利。在教育方式上，父母惯于用训诫和哄逗的方式来教育孩子。这种方式将会培养孩子对嘲笑和嫌弃的恐惧心理，最终又会在其成年后深刻地表现出来。他们一旦知晓自己受到了嘲笑，便害怕自己会失去一切可靠和熟悉的东西。这对孩子的身心无疑是一种残忍的摧残。在日本的家庭教育中教育子女的重任主要在母亲的身上，不得不承认日本的女性是有着较高的素质和学识的。然而父亲就是养家的圣人，总是那么地高高在上，而母亲却要承担着家务和家庭教育，也是非常疲乏的。男权主义色彩如此浓厚，使得日本的家庭教育没有形成一个很好的相互补充，家庭教育缺乏核心凝聚力。

二、日本家庭教育法律规制

家庭教育是人生的启蒙教育，是伴随每个人成长的终身教育，是国民教育体系中最基础、最有影响力的教育。日本作为我国的近邻，深受儒家思想影响，历来重视家庭和家庭教育。日本将家庭教育视为所有教育的起点，认为家庭教育培养了儿童的基本素质与生活能力，教会了孩子形成基本的道德规范以及自制力和独立性，这种教育通过婴儿期便形成的亲子纽带以及家庭成员间的日常接触发挥作用，有着不可替代的作用。日本将父母或其他监护人视为家庭教育的首要责任人。进入21世纪以来，日本通过加强家庭教育的法律规制，明确了父母、政府、社会等相关主体责任，强调了政府对于家庭教育的支援，并推动全社会的共同参与，以提升父母的家庭教育能力，促进家庭教育支援事业发展。日本家庭教育法律规制有以下几个特点：

（一）立法目的与理念清晰明确

日本家庭教育地方立法对于"家庭教育"均采用了狭义的定义，即认为家庭教育是父母或其他监护人对于儿童的教育。所谓儿童，是指不满十八周岁的未成年人。综观日本各县市的家庭教育支援条例，均在第一条指明了立法目的即通过设定政府部门的职责和明确父母、学校、当地居民、当地活动团体、企业等社会各界的责任，以及制定和推进支持家庭教育的具体措施，使孩子建立必要的生活习惯，促进孩子的自主发展和身心和谐发展。其中"必要的生活习惯"

是指在生活中学到的习惯，如早睡早起、吃早饭、遵守社会规则和礼仪等。《岐阜县家庭教育支援条例》还在第二条列出了家庭教育的具体事项，包括基本的生活方式、自立精神、自律、善与恶的判断、问候和礼貌、同情心、生命的重要性、家庭的重要性、社会规则。日本家庭教育地方立法的基本理念可以概括为：父母对子女教育负有首要责任；家庭教育是社会成员的共同职责，社会各方要共同履行相应责任；其他各界对家庭教育的支持必须建立在尊重家庭教育自主权的基础之上，要尊重每个孩子独一无二的个性，并考虑到各种不同的家庭环境。

（二）父母对于家庭教育的责任

各地的家庭教育支援条例明确规定了父母对于家庭教育负有首要责任，父母要努力学习如何做父母，与学校等部门合作，加强家庭教育。具体而言，父母的责任主要有：陪伴子女，尊重子女的个性和自主权，培养子女自力更生的能力，使其形成必要的生活习惯，促进其身心和谐发展等。

《茨城县支援家庭教育条例》还规定"监护人应积极与学校合作配合，充实幼少期的家庭教育"。德岛县、岐阜县、群马县和茨城县对祖父母（外祖父母）的家庭教育责任也进行了规定，如德岛县在"父母职责"一条中专设了一款"儿童的祖父母应根据基本理念，积极努力配合家庭教育"。岐阜县、群马县、茨城县和福井县则对祖父母（外祖父母）的责任单列了一条，如《群马县家庭教育支援条例》第七条规定"祖父母（外祖父母）应充分利用有关育儿智慧和经验，努力支持和配合家庭教育"。

（三）支援家庭教育的政府责任

日本的家庭教育地方立法对政府责任部分规定较多，具体可以概括为以下九个方面的内容：一是全面制定支援家庭教育的措施。政府在制定这些措施时需与社会各界沟通，考虑各个家庭的不同情况，并注重上下级政府部门之间的协作配合。二是支援和推进家庭教育学习。日本将家庭教育学习分为作为父母的学习和成为父母的学习，对于前者的支援主要是按照孩子的发展阶段为父母提供家庭教育的内容和育儿的知识等，对于后者的支援主要是支持学校和其他组织提供学习成为父母的机会，让未来的父母了解父母的角色、家庭的作用、育儿的意义等。三是开展人才培养和人员培训。一方面规定了政府应与大学和其他具有专业知识的有关机构合作，支持家庭教育的人才培养；另一方面规定了政府应做好家庭教育的人员培训，促进其提高专业素质，并支持家庭教育方面的人力资源合作等。四是推进家长学习方法的研究并传播推广研究成果。五是提供家庭教育咨询，主要有完善咨询制度、设置宣传咨询柜台等。六是开展家庭教育的宣传，收集、分析和提供家庭教育信息，加强公众对家庭教育重要性的理解和认识，培养支持家庭教育的社会理念。岐阜县、德岛县、茨城县还在各自的条例中设置了"家庭教育的日、周、月"，规定在这些日期政府应开展家庭教育启发宣传活动。七是促进家长、学校、当地居民等主体之间的合作，共同支持家庭教育的开展。八是进行必要的财政投入，促进家庭教育支援措施的实施。九是为督促政府履行上述职责，规定地方行政长官每年应就家庭教育支援的实施情况向议会报告并向社会公开和接受监督。

（四）鼓励全社会的共同参与

日本家庭教育立法最大限度地利用全社会的力量来支持家庭教育，除父母和政府外，涉及的主体还有学校、当地居民和监护人所在单位等。具体而言，学校的责任包括：与家庭和当地居民合作，促进儿童养成日常生活所必需的习惯、发展自立精神等，并配合县或市实施家庭教育支援措施。区域居民和当地社区组织的责任包括：根据基本理念，与家长、学校和其他人密切合作，保持和传承本地区的历史、传统、文化，努力为家庭教育营造良好的区域环境。鉴于父母在家庭教育中的重要作用，各地条例均规定经营者应努力为身为父母的员工提供必要的工作环境，改善工作条件，使其平衡工作和家庭，做到工作和家庭兼顾。

除了上述责任，《茨城县家庭教育支援条例》与《福井县家庭教育支援条例》均指出，鉴于幼儿阶段是培养终身人格发展的基础阶段，应尤其重视学前家庭教育，因此特别规定了学前教育的相关内容，如政府要通过改善学习环境、提供学习机会等必要措施加强学前教育，幼儿园要与家长合作，努力完善学前家庭教育等。为避免使用智能手机和互联网等对儿童产生不良影响，志木市专门就未成年人的上网问题做出规定，要求父母在家中管理好孩子对智能设备的使用，并使用有过滤功能的软件等限制孩子浏览有害信息。

第二节 日本社会教育的历史沿革

一、日本社会教育的多元界定

（一）教化型社会教育

"二战"前，日本的社会教育受到国家主义、军国主义教育政策的支配，为天皇专制统治国民思想、开展国民教化活动充当了特别的角色，形成了"官府主导的、上意下达"的教化型社会教育。

因此，研究者多从"工具论"角度突出社会教育。社会教育是"教育人使其具有很强烈的社会性，加深个体的社会意识，使其养成为社会服务的思想"，社会教育是"国家公共团体或私人以民众资质的提高为直接目的而实施的教育"；社会教育是"以各种机关设施，供社会的多数人利用其余暇，来扩充其物质文化需求的教育"。这些观点实际上是从社会教育的目的、功能及意义等方面来进行界定的，即把社会教育理解为是国家、公共团体或私人为了改良社会、提高民众的文化水平和智能，而设置各种各样的教育训练机构，突出了战前社会教育教化主义和团体主义的特点。

（二）民主型社会教育

"二战"后社会教育的概念界定，批判摒弃了战前社会教育功能性社会教化的含义，把社会教育作为人的基本权利之一，多突出社会教育的设施性、教养性内涵，并在法律层面对社会教育进行了界定，同时也有承继战前的广泛教育说，以及从历史视角进行界定的历史范畴说。

第一，组织机构说。"二战"后日本大力兴建公民馆、图书馆、博物馆等社会教育设施，社会教育的设施中心主义凸显，许多研究者从组织机构出发来界定社会教育。从组织团体来说，社会教育就是"国家、地方公共团体开展的公共教育的一环或官办教育活动"；社会教育是"独立于国家与政府之外的由团体、协会等开展的教育活动"。从实施机构或场所来说，社会教育是"学校教育以外的有意图、有组织的教育"；社会教育是"在纳入正轨国民教育体系的学校之外的场所中所进行的有组织、有意图的教育的总称"。这种界定从社会教育的主体和外在手段、方法入手，把关注点放在社会教育的组织团体、实施主体，如政府或民间团体等方面，或把目光集中到社会教育的实施场所、机构等方面，既把社会教育作为一种与学校教育、家庭教育相独立的教育活动，又把社会教育作为一种有计划、有目的、有组织的教育形式，使社会教育的轮廓鲜活起来，有利于战后社会教育活动的实际开展。但组织机构说一味从社会教育的外围进行界定，实际上只是对社会教育外延的限定，缺少对社会教育本质内涵的实质性把握。

第二，法规界定说。战后日本逐步确立了新的社会教育体制，即社会教育法体制，因此，从法规层面对社会教育进行界定，对于深入理解日本社会教育的概念是不可缺少的。《教育基本法》第七条从实施场所出发把社会教育规定为："国家及地方公共团体必须鼓励家庭教育以及工作场所和其他社会场合中所进行的教育；国家及地方公共团体须通过设立图书馆、博物馆、公民馆等设施，利用学校设施及其他适当的方法努力实现教育目标"。对此，小川利夫认为"日本的社会教育战后才作为'受教育的权利'的重要一环取得了其法定性格"。其意义在于把社会教育作为与学校教育相并列的一种教育，赋予社会教育一定的社会地位。

这些法律法规从社会教育的目的、对象、内容、方法及场所等角度对社会教育进行了不同的界定，在一定意义上表明社会教育的本质是"国民的自我教育"，国家对"国民的自我教育活动应予以奖励"，明确了社会教育行政机构的范围与权限，取得了很大的行政效果。进入21世纪，《教育基本法》《社会教育法》等均进行了多次修改，因此社会教育在法律层面界定的关注点有所改变。针对《教育基本法》《社会教育法》的修改，有研究者认为有必要创造有别于法律规定的社会教育概念。以法律形式对社会教育进行界定，虽然可以促使社会教育的法制化、规范化，但同时也存在对社会教育内涵理解不足的问题。

第三，广泛教育说。社会教育有广、狭义之分，广义的社会教育是指有意识地培养人、有益于人的身心发展的各种社会活动；狭义的社会教育是指学校和家庭以外的社会文化机构以及有关的社会团体或组织对社会成员所进行的教育。

第四，历史范畴说。宫原诚一于1950年在《社会教育的本质和问题》一文中认为，近代社会教育的基本前提是义务教育制度和学校教育经验的普及化。他从历史角度通过区分社会教育与近代学校制度的关系，把社会教育界定为作为学校教育补充的社会教育（如有组织的校外青少年指导活动）、作为学校教育扩张的社会教育（如学校开放、大学开放）以及作为学校教育以外教育要求的社会教育（如职业教育、文化活动、妇女运动以及自我教育等），并把社会教育的"学校教育补充""学校教育扩张""学校教育以外"三个职能看作"历史的发展形态"。

（三）终身型社会教育

20世纪70年代后，随着终身教育思想与实践的发展，以及向终身学习体制的过度，扩展社会教育概念的倾向越来越显著。1971年4月社教审答询报告《关于适应社会结构急剧变化的社会教育》中提出以往的学校教育、社会教育均要在终身教育理念下进行改革。

由此，日本的教育政策开始了向终身教育转化的新阶段，社会教育政策也出现了与终身教育接轨的动向。80年代开始终身教育政策出台以后，日本社会教育从官方用语、机构调整到政策接轨、活动内容等均发生了巨大的变革，形成了国民的"自我教育""相互教育"的终身型社会教育。因此，研究者在界定社会教育时，多在终身教育的大背景下，关注社会教育所具有的自我教育、实践形态、个体主体等方面的内涵。

今天，教育已经成为世界各国着重考量和重点发展的对象，在这其中，作为教育的重要组成部分而存在的社会教育也逐渐被人们重视并大力普及。但是，在各个国家，人们对社会教育的理解和定义还不尽相同。例如，在我国，社会教育被定义为面对整个社会的青少年和成人，以提高整个社会的文化水平为目标的教育模式。在美国，社会教育的主要任务则是对于"社会意识"的培养，也可以理解为社会化进程中的一个步骤或过程。在日本，学术界通常把山名次郎在《社会教育论》中关于社会教育的定义作为基准。在书中，山名次郎将教育限定在学校教育的范围外，并与国家教育相对立，由与国家相脱离的、独立的集团或协会开展，以达到援助国家的目的。通过对上述概念的分析不难发现，虽然各国对于社会教育的理解和实施手段等稍有不同，但归根结底还是注意到了社会教育在社会发展中的重要辅助作用，肯定了其地位。

二、日本社会教育的发展历史

我国对日本社会教育方面进行的研究尚不完善。我们主要以我国著名比较教育学家梁忠义先生所著的《当代日本社会教育》一书为基础，对日本社会教育的历史做一考察。

日本的社会教育萌芽于结束长时间封建统治，建立近代统一国家的1868年，其后通过开展一定规模的通俗教育活动（社会教育的早期说法）、青少年的集体活动以及建立博物馆和图书馆等形式的社会教育机构来加以巩固，并于1917年由临时教育会议以制度的形式确立下来。从此，日本的社会教育开始了曲折但坚实的发展。在社会教育成为一种确定的教育制度之后，日本经历了十余年的平稳发展，在此期间，社会教育也在全国各地蓬勃开展起来。然而好景不长，1929年到来的全球范围内的经济危机和紧随其后的法西斯主义统治让日本社会陷入了极度的动荡之中，一切体制和制度都被纳入危机或战时体制下，社会教育也不例外地被转化为统治阶层强化思想、奴化人性的工具，从而丧失了其自身职能。

"二战"结束后，日本也面临着"百废待兴"的局面，由于其战败国的特殊身份，美国成了日本教育发展的主导力量。于是，在美国占领军和教育使节团的推动下，日本迅速在法律上确立了社会教育的地位，并采取了一系列的社会教育措施，如向社会开放学校、建公民馆等。正是这些措施使得接下来日本社会教育的发展有了很好的基础。从 20 世纪 50 年代后期开始，日本开始进入经济的高速增长期，随之而来的诸多社会问题也让日本看到了改革社会教育的必要性。在不断的摸索中，日本相继开始开发适应都市节奏和经济发展水平的社会教育条件、加强妇女教育等，以此寻求社会教育的快速发展。

20 世纪 70 年代后，日本的社会发展逐渐减缓，进入了一个较为平稳的发展时期，加之日本第三次教育改革和终身学习思想的提出，社会教育的改革势在必行。经过十余年时间的发展，在中教审和临教审的共同努力下，到 20 世纪 80 年代以后，日本的社会教育终于发展到了现代的模式，同时呈现出终身学习体系化、"教育私事化""高学历化"、学校开放化、社会教育活动领域多样化等众多特点。

总之，20 世纪 80 年代以来，日本的社会教育以终身学习思想推进体制发展，以实施终身学习事业为中心，综合地研究、扩充教育体系，社会团体的作用不断扩大，使得社会教育发展迅速且态势优良。

三、日本社会教育面对的挑战及改革措施

20 世纪 90 年代以来，特别是进入 21 世纪之后，随着经济全球化的发展、人口出生比例等的变化，日本社会出现了少子化、老龄化及经济产业结构全球化等多方面的棘手问题，这些社会变化也向社会教育的未来发起了挑战。日本针对这些挑战，相应地提出了以终身学习思潮和教育市场化改革为中心的对策，使社会教育得以从容应对时代的挑战。

（一）社会教育所面临的挑战

1. 老龄化社会的推进

老龄化社会以及由此衍生出的少子化现象是目前全世界要面临的共同主题。在日本，由于其高福利等社会政策的推行，人口老龄化倾向不断加剧，加之少子化现象严重，日本社会对于劳动力的需求无法得到满足。据日本厚生劳动省预测，到 21 世纪中叶日本人口将减少到 1 亿，而到 21 世纪末则将减少到 6 000 万左右。由此数据不难推测出日本社会对于劳动力的渴求。然而，这并不是日本要面对的唯一问题。由于对新自由主义、市场原理的盲从，失业、收入差距大等社会问题也在凸显。随着两方面因素的夹攻以及社会对于生产力的不断要求，社会教育变得更为重要，能够在不损失个人旺盛的社会参与意愿的基础上，又不断提高个人生产力成了新时期对于社会教育的新要求。

2. 产业结构的变化

20世纪90年代以来，日本经济疲软现象层出不穷，经济负增长的态势让日本社会也变得动荡不安。企业迫于劳动力市场的高成本，大批地将工厂移至海外，这一现象导致日本失业率居高不下，加之企业雇佣观念的变化，终身雇佣制成为历史，国民人人自危。于是，培养民众的主体参与能力和责任意识就成了日本区域社会再生的重要课题。

3. 多元文化的发展

由于日本对于劳动力的渴求以及日本社会自身逐步完善而对外界产生的吸引力，日本的国际化程度正在不断提高。在这种背景下，不同国家、地区间文化的冲突势必会在日本社会内部爆发，如何正确引导在日学习、生活和务工的外国人适应日本文化、和谐共处成了地方自治团体亟须解决的问题。

4. 终身学习理念的推行

终身学习理念是保罗·朗格朗在1965年提出的一项旨在帮助人完成贯穿一生的学习过程的改革思想。此理念一经提出就引起了各方的强烈关注。但是，虽然社会各界都对此理念表示支持，想要真正地贯彻并执行这一思想却绝非易事。社会发展的相对滞后和国民认识能力的局限等因素都会成为制约这一思想发展的桎梏。

（二）社会教育应对挑战的对策

面对层出不穷的挑战，社会教育所要承担的义务和责任也在不断提升。日本政府在全面考量的基础上，对社会教育做出了较完善的改革策略。改革中，终身学习成了引领日本教育的最重要思想，一个以终身学习理念为指导的社会教育机制逐渐明朗。

1. 贯彻理论

社会教育作为学校教育的重要补充，在贯彻终身学习理念的过程中势必要完成两个使命：第一就是要更有侧重地发展那些无法从学校教育中受益的人群，如妇女、普通成人、老年人等；第二则是在常规学校教育时间以外对青少年实施教育，更好地培养青少年的社会意识以及日常生活所必需的生活技能。

2. 推行机制

如今，经济市场化的政策已经深入人心，依据市场的基本原理调节市场并辅之以政府的积极调控已经被认为是较成功的市场运作模式。在这种形势下，教育要想独善其身，不经受市场的洗礼是不可能的，教育势必要在市场的指引下注重高效、竞争和自由等理念。在社会教育领域，不单纯地依靠政府，吸引公共团体、非营利组织、非政府组织甚至是志愿者的力量已经成了社会各界的共识，这样的教育模式更具有灵活、自由、目的性强等优势，教育分化产业和休闲教育等的蓬勃发展就是最好的例证。

3. 立足发展

社会教育的存在有其国家意志方面的因素，这种素质的培养需要国家统一的教导和影响。但是，一定区域内的特殊性（如乡土意识等的培养等）却需要社区内公共团体的主持与协助。政府部门将一部分社会教育的权力下放给地方，由地方自由创设各种社会教育设施，才会将社会教育完成得更好、更人性化。

4. 完善设施

一种教育制度或形式，无疑要得到国家的保障才会顺利实施。早在"二战"结束后，日本就制定了相关的法律来肯定社会教育的存在，并且，新修订的《教育基本法》中，也有明确的章节规定了社会教育的相关内容，并要求中央或地方政府部门对社会教育给予支持，同时说明了社会教育在学生受教育过程中的重要性。有了政策上的支持甚至是倾斜，日本社会教育的发展就显得如鱼得水，各地的公民馆、博物馆、图书馆等社会教育的重要实施机构都得到了充分发展。同时，以网络和多媒体技术为代表的高科技也被逐渐使用到社会教育中来，以强化社会教育的效果。

第三节 日本技术教育的历史沿革

一、日本技术教育发展历史沿革

（一）构建初期

高等专门学校诞生于第二次世界大战结束后日本国内经济复苏时期。当时，在"技术立国"口号的引领下，日本大力发展制造业等第二产业，社会对技术型人才的需求与日俱增，尤其是对中级技术型人才的需求量较多。当时，日本效仿美国构建了"六三三四"单轨制学校体系，该体系为高级技术型人才的成长提供了相关教育机构——四年制工科大学；也为初级技术型人才（或技能型人才）的成长提供了相关教育机构——工业高中；唯独缺少了一类如"二战"前工业专门学校那样培养中级技术型人才的教育机构。

1958 年，有关专家向日本国会提出了"专科大学案"。然而，专科大学的制度构想与当时日本短期大学制度冲突，遭到了来自短期大学方面的强烈反对。在经过了重重讨论之后，1961 年作为法律第 144 号及 145 号的《学校教育法部分修正案》公布，五年一贯制高等专门学校取代了原先设想的专科大学，并于次年（1962 年）开始正式招生。2004 年，在日本全国高等教育改革、国立大学法人化的大环境下，独立行政法人国立高等专门学校机构成立，所有国立高等专门学校由该机构统合管理。

作为衔接义务教育后的教育机构，高等专门学校的出现实现了日本教育学制从单轨制向双轨制的回归。如今，高等专门学校肩负着培养实践型、技术型人才的使命，成为日本职业技术教育体系中不可忽视的重要组成部分。

（二）发展中后期

技术科学大学于 1976 年由日本文部省设立，目前日本全国共有两所技术科学大学，分别是位于爱知县丰桥市的丰桥技术科学大学及位于新舄县长冈市的长冈技术科学大学。

关于建设技术科学大学的构想可追溯到 1965 年。当时第一批成立的高等专门学校有了四年级学生，第二批成立的高等专门学校也有了三年级学生。高年级的产生迫使高等专门学校思考学生的升学问题。但是，作为"二战"后日本教育制度从单轨制向双轨制回归的标志的高等专门学校，在毕业生升学问题上遇到了与原单轨制教育无法衔接的问题。于是，日本国内掀起了关于建设一类衔接高等专门学校教育的新构想大学的讨论。最初的设想是构建一类本科三、四年级及两年硕士课程相结合的新型研究生院大学，并命名为"技术科学大学院"。但是，由于此类新型大学不属于当时日本学校教育法规定的学校类型，建设过程中将遇到法律修订等问题，难度很大。

因此，1975 年，日本文部省决定依旧参照传统大学框架，将原本设想的"技术科学大学院"改为"技术科学大学"，在保持以高等专门学校毕业生为主的最初设想的同时，也招收普通高中及工业高中毕业生。自此，技术科学大学作为日本的新构想大学之一开始了它的蓬勃发展之路。

从战后日本技术教育体系的历史沿革中不难看出，高等专门学校与技术科学大学的诞生与发展是日本社会经济与科学技术进步的必然结果。技术科学大学"因高等专门学校而生"，二者之间形成了一个密不可分的衔接有效的职业技术教育体系。衔接高等专门学校教育是技术科学大学办学的根本动因，也是高等专门学校与技术科学大学二者之间提升"衔接效益"的前提与基础。

二、日本技术教育发展现状

（一）人才培养目标衔接层层递进

日本高等专门学校建立之初的目的是为经济成长期的日本社会培养中级技术型人才。随着产业革命及技术发展，技术型人才的实践应用能力愈发受到重视，因此，如今高等专门学校将人才培养目标重新设定为"培养实践型中级技术型人才"。

另外，有学者提出，企业内需要一定数量的站在指导立场上的技术型人才（高级技术型人才），也需要相当数量的中级技术型人才。中级技术型人才由高等专门学校培养，而作为高等专门学校教育衔接与延伸的技术科学大学则培养高级技术型人才。另外，日本文部科学省在论述技术科学大学创建背景时提道："随着技术改革的进展，社会越来越需要具备实践能力、创新能力的指导型技术型人才。"因此，技术科学大学将人才培养目标定位为"培养指导型高级技术型人才"。

所谓"实践型中级技术型人才"，应具备基础学习能力、实践应用能力、沟通交流能力、自主思考能力等核心素养，并能够在大企业中辅助指导型高级技术型人才开展工作，指导、监督初级技术型人才或技能型人才完成工作，或在中小企业中作为企业的技术核心指导并监督技能型人才，同时全面为企业的技术工作负责。

"指导型高级技术型人才"主要具备"技学力""指导力""战略性"及"国际化"四大素养。其中，"技学力"一词由长冈技术科学大学提出，指技术研究、技术开发能力。虽然学生在技术科学大学完成本科学习后可申请毕业并获得学士学位。但是，由于日本技术科学大学内部采取"本科—硕士"一贯制教育模式，因此，"培养指导型高级技术型人才"是技术科学大学的培养目标。

实践型中级技术型人才的培养是指导型高级技术型人才培养的前提和必经之路。脱离了实践型中级技术型人才的培养过程，指导型高级技术型人才的成长也无从谈起。因此，高等专门学校与技术科学大学在人才培养目标方面有效地衔接在一起，层层递进，这是日本技术教育体系提高衔接效益、实现发展的前提与基础。

（二）招生制度衔接开放畅通

为了实现相应的人才培养目标，高等专门学校与技术科学大学二者之间又形成了一个独特的有效衔接的招生制度。时至今日，技术科学大学的主要生源依然来自高等专门学校。以 2019 年为例，长冈技术科学大学 2019 年本科招生计划总数为390人,其中,来自高等专门学校的三年级编入学招生人数为310人,占招生总数的79.49%;丰桥技术科学大学2019年本科招生计划总数为440人,其中,高等专门学校三年级编入学招生人数为360人,占招生总数的81.82%。由此可见,招收高等专门学校毕业生并直接编入本科三年级学习是日本技术科学大学最主要的招生方式。

技术科学大学以高等专门学校毕业生为对象的编入学制度在20世纪70年代的日本可以说是独一无二的。即便现在许多四年制大学逐渐向高等专门学校敞开了编入学的大门,但技术科学大学的编入学制度仍是日本国内唯一一个完全体现"以高等专门学校为前提"的招生体制,主要体现在只有技术科学大学的编入学制度真正做到了在入学考试、书面材料审核以及面试等环节充分考虑到学生在高等专门学校的学习基础,所有考试的出题范围及所需提交的材料都以高等专门学校教育为前提。独特的编入学制度与技术科学大学内部"本科—硕士"一贯制教育体制相结合,将日本技术教育体系从中等教育一直延伸到研究生阶段,这也是日本高等教育改革背景下"高等专门学校—技术科学大学"技术教育体系存在的意义。

(三)专业设置衔接连贯对应

日本高等专门学校开设的专业大类主要包括机械及材料类、电子电气类、信息类、化学生物类、城市建设类、建筑类、商船航运类及其他迎合社会需求类8大类。技术科学大学本科专业主要分为机械类、电气电子类、信息技术类、生命科学类、都市环境类、物质材料类及其他迎合社会需求类7大类。由此可见,除了商船海运类专业以外,技术科学大学的专业设置与高等专门学校开设的专业基本一一对应,确保了技术教育体系专业设置的连贯性。

专业设置紧密衔接是高等专门学校、技术科学大学二者间技术教育有效贯通的核心,是不同层次技术教育之间提升衔接效益的保障,也是课程、师资、科研等方面有效衔接的前提。另外,专业设置的有效衔接将某一专业领域教育层次从中等职业教育贯通到本科甚至硕士层次,打通了技术教育体系内学生的升学路径,有利于学生生涯发展。关于技术科学大学为何不开设"商船海运类"专业,有学者认为,高等专门学校"商船海运类"专业主要培养从事海事海运工作的航海士、船长或轮机士、轮机长等,这一类岗位操作性较强,对从业人员技术应用水平要求较高,因此,高等专门学校培养的实践型中级技术型人才更加适合此类岗位。换言之,目前此类岗位暂时没有对指导型高级技术型人才的需求,因此,技术科学大学暂时未开设相关专业。

（四）课程体系衔接顺畅有效

技术科学大学课程体系中处处体现出"以高等专门学校为前提"的特色，主要表现在两方面。

1. 课程体系主体核心设置

技术科学大学从其构想开始，便始终立足在高等专门学校教育的延长线上，以"高专后"教育为己任。虽然"黄表纸"中设想的新型大学院（研究生院）大学最终未能成型，但是，时至今日，衔接高等专门学校教育的"本科三、四年级＋硕士一、二年级"阶段课程体系依然是技术科学大学的办学重点与核心。

技术科学大学很明确地将课程体系的主体设置在本科三、四年级及硕士一、二年级阶段。这一阶段刚好是技术科学大学衔接高等专门学校以及技术科学大学内部本科与硕士相互衔接的阶段。因此，这样的课程体系主体设置不仅体现出技术科学大学创建的根本目的，也从根本上提高了"高等专门学校—技术科学大学"技术教育衔接体系的"衔接效益"，更将日本技术教育从中等教育阶段延伸至研究生阶段。

2. 通识课程"高移化"

高等专门学校、技术科学大学课程体系有效衔接还体现在通识课程"高移化"方面。日本大学的通识课程通常集中在本科一、二年级，从本科三年级起直到研究生阶段一般不开设必修的通识课程（除部分学校会要求硕士研究生修读第二外语之外）。另外，高等专门学校毕业生虽然因其技术技能水平高、科研能力强而受到日本各界及经济合作与发展组织的好评，但是其人文社会科学类课程学习不足、外语能力较为薄弱也一直被广泛诟病。而高等专门学校毕业生升入技术科学大学后直接编入本科三年级，这也意味着他们无法接受大学一二年级通识课程教育。作为衔接高等专门学校教育的技术科学大学清楚地看到了这一点，因此，其在"以高等专门学校为前提"的课程体系中，特地在本科三、四年级甚至硕士研究生阶段增设必修的通识课程，这也是日本技术教育体系的特色之一。

这种"以高等专门学校为前提"的课程体系，有效避免了高等专门学校与技术科学大学专业教育的重复问题，保证了技术科学大学是站在高等专门学校教育基础上的更高层次、更深入的专业教育，提高了二者之间的"衔接效益"。

（五）师资队伍与科学研究衔接灵活紧密

日本技术教育体系在师资队伍建设及科学研究方面也充分体现出有效衔接的特色。例如，技术科学大学常年聘请高等专门学校教师任教，聘期一般为1～2年。聘期内，相关教师人事关系完全转入技术科学大学，在技术科学大学内开展教育及研究工作。聘期结束后，相关教师返回原高等专门学校，人事关系也转回原来学校。这种高等专门学校与技术科学大学之间独有的人事交流在二者之间形成一种荣辱与共、共同发展的命运共同体关系，是二者之间提高"衔接效益"的有力保障。

此外，高等专门学校与技术科学大学之间还积极开展各类教师科研交流活动。以长冈技术科学大学为例，该校每年定期召开"教员交流研究集会"，其目的在于通过推进技术科学大学与高等专门学校教员交流，加强双方之间的合作，就技术科学最新发展与研究动向互换意见。教员交流研究集会不仅是技术科学领域各专业方向科研成果及研究动向的交流会，也是高等专门学校与技术科学大学教师一起就职业技术教育本身进行反思与讨论的场所。

第四节　日本企业内教育的历史沿革

一、日本战后企业内教育的形成和发展

（一）1945年至1955年

1. 发展背景

随着1945年8月的宣布战败，以制造业为主的日本企业陷入了严重的混乱局面，发生了垄断资本解体、大量工厂关闭、生产活动低下以及由劳资冲突而引发的劳动岗位荒废等大量问题。但是，随着1950年朝鲜战争的爆发，从1949年开始，日本的经济开始复苏，制造业规模很快恢复到战前水平。

2. 国家政策

在劳动省（现厚生劳动省）和通产省（现经济产业省）等的指导和支援下，日本在企业导入监督者、中下级管理层、经营者层机制，强化管理监督层的指导力。这些现代化管理理念和方法，对当时并不发达的日本企业，在经营向现代化转变、管理监督层能力开发以及工作岗位秩序恢复等方面发挥了巨大的作用。劳动基准法又特设了培养技术工人的章节，积极推进了对年轻劳动者的保护和对技术工人的培养。

3. 劳动力来源

劳动力主要是初中及工业职业高中的应届毕业生。他们受过良好的教育，勤勉敬业，以穿着油乎乎的工作服（技术工人的象征）为荣，通过养成工制度迅速成为技术工人的中坚助量。

4. 主要内容

以工作内容为"型"，训练被录用人员使其掌握有关这个"型"的基础和原则以及技能，即"养成工制度"。担任企业内教育的部门被定名为"训练科"。"训练"具有强制性，无论被录用人员有何特质，都必须经过"训练"从而符合"型"。随着定期录用应届毕业生制度的恢复，对录用者进行企业内职业培训的制度也确定了下来。

（二）1955 年至 1965 年

1. 发展背景

经济从复兴期进入了发展期，赶超欧美的氛围浓厚。经过 1955—1958 年和 1959—1961 年两次经济高潮，重工业和化学工业得到推进。工资的增加催生了新兴中产阶级，促使消费观念发生变化。冰箱、洗衣机和彩色电视机开始普及，随着新干线开通和奥运会的举办，经济进入全盛时期。

在企业经营管理层面，日本开始谋求调整生产现场的管理制度。为了稳定员工队伍，将临时工转为常用工，国家给予税收及家族抚养等方面的优惠政策。日本在业务上利用计算机，设立主管市场开发的事业部、主管产品研发的中央研究所；同时开始制订长期经营计划，进入真正意义上的现代化管理；企业内部开始分化，精英层意识逐渐产生。

2. 创办技术学校

经济的突飞猛进，使岗位培训难以解决技术工人严重缺乏的问题。大企业或行业组织开始创设学制为一至三年不等的技工学校，培养企业所需的技术工人。学员主要在企业技术工人和工业职业高中毕业生中选拔，完成学业后作为技术工程师再配置到相应的岗位。

3. 观念转变

企业意识到只单纯地追求员工符合"型"的结果，增加了员工对企业的依赖度，造成其缺乏进取精神。于是挖掘员工自身的才识和品质，进一步加以培养使其服务于企业的认识逐渐形成。"教育"一词逐渐代替了原来的"训练"。

4.候补者教育

随着经济的升腾，出现了监督者和中下级管理者人才缺乏的问题，培养候补人才作为一项措施在一部分企业里得到具体执行。

（三）1965年至1975年

1.发展背景

这一时期经济进入高度成长期。人们的价值取向发生了变化，消费开始膨胀，向往穿着体面的套装，在干净的办公室工作。考入大学成了出人头地的象征，高中升学率大增，各级升学考试开始被称为"战争"。

由于第一次石油危机、固定制外汇转向浮动制外汇、始终存在的劳动力缺乏等原因，企业开始谋求海外扩张。在经营管理方面，推进能力主义人事管理和目标管理，导入"小组活动"机制解决生产活动中的问题，强调自我启发开始成为企业内教育的重点。同时武士社会遗留的等级观和小团体意识在企业内部开始滋生。

2.培养技术工人

由于高中升学率上升，技术工人的培养对象由初中毕业生迅速转向高中毕业生。技术工人培养制度的性质由"形成岗位核心的基干技术工人、监督者、候补者的培养"转向了一般技术工人、中坚技术工人的培养。

3.推进教育

随着贸易自由化的推进，向海外进军的企业逐年增加，企业内教育开始增加英语会话、计算机操作、信息软件开发等内容。

（四）1975年至1985年

1.发展背景

这一时期经济高度成长转向低成长。由于变动汇率的实行、二次石油危机和战后第一次经济负增长等带来诸多影响，加上58岁退休制的施行，各企业开始"减量经营"。例如，在目标管理上积极推行再评价制度；在雇用管理方面，强化能力主义人事管理，减少应届毕业生的招收，减少管理部门人员，将减下来的人员配置到销售部门或向关联企业派遣。

2.提倡能力开发

日本在这一阶段主要重视培养和开发"实务处理能力"。确切地说这种能力就是员工根据各自岗位职能，思考应该做什么、怎么做，完成诸如降低成本、提高业务效率等任务的能力。教育内容的重点从原来的重视培养知识、技能、态度等原理原则转向培养解决企业内具体问题的能力。

3. 重视管理层的教育

管理层通常指"课长""部长"等企业员工。为了最大限度地减少战后社会混乱和对立的劳资关系对年轻员工的影响，企业内教育一贯都在对新招收员工的教育上最为充实。但是从这一时期开始，为了使各种经营措施能很好、很顺利地推行和实施，起核心作用的管理层的意识改革和管理能力提升成为重点。

4. 重视自我启发

培养手段主要是开设公开讲座和创造条件让员工通过国家考试取得各类资格证书，让员工在此过程中自我发现，找到努力的方向，同时降低失业率。

5. 加强特殊员工的教育

由于招聘人数的减少和退休年龄的推后，中年以上员工人数比例相对增大。如何使中年以上员工发挥聪明才智成为多数企业的课题。

6. 推进组织开发

所谓组织开发，也是源自美国的概念和方法，开始只是以岗位为单位，以解决问题为目的的形式传入了日本，但很快就变成企业内员工都参与的开发活动。在"岗位诊断—问题发现—解决策略—实行"的过程中，形成了"创造有活力的组织"进行开发的概念，与解决具体问题的"小组活动"机制一起延续至今。

（五）1985 年至 1993 年

1 发展背景

该阶段的发展有五个主要特征。一是因各种合理化经营措施的实施和电子应用工学技术的活用而实现的新技术新产品的开发应用，积攒了强大的国际竞争力。二是在这种竞争力的推动下，日币汇率走高，促使企业争相向海外扩张。三是能力主义人事制度不断成熟，多样化雇佣形式得到普及。四是国内消费开始饱和，消费意识趋向理性。五是提倡"宽松教育"，将教育引向另一个极端，即学生学习能力下降。

2. "人才开发"概念

技术发展到一定程度，产品更新换代加快，竞争必然加剧，研究开发能力成为企业的重中之重。所谓"人才开发"就是"企业各层次员工是重要的经营资源，是发展的原动力，必须尽全力进行培养"的理念。而"人才开发"所指的"人才"是指企业所有正式和非正式员工。

3. 培养销售人员

随着销售竞争日趋激烈以及先端技术时代和信息技术时代的到来，国家急需能担任这些工作的人才。

4. 培养国际化人才

从 20 世纪 60 年代开始，日本企业就逐渐向海外扩张。最初是设立注重市场调查的办事处，70 年代开始设立着眼产品出口的产品销售处，到 80 年代后期开始建立生产基地，全面的海外扩张逐步形成规模。海外扩张要求培养具备处理问题能力、外语能力以及对异国文化风俗的理解能力的国际化人才。

（六）1993 年以后

1. 发展背景

1993 年以后，泡沫经济破灭，经济增长急速放缓，国际化进程又加速激化了全球企业间的竞争。面对销售额及收益下降、设备和人员过剩、债务偿还能力减弱等环境变化，各企业不得不强化本企业的顾客指向，减缩成本，重新调整生产经营项目并进行部门整合。终生雇佣制和年功制走向消亡。

2. 重视人才的开发

在以终生雇佣制和年功制为基调的时代，人才培养中心的培养目标以企业各部门各岗位的水准设定，员工只有以企业设定好的职位为目标而努力。当经营环境无法维持终生雇佣，人才选拔靠年功制已无法进行的时候，企业所需要的人才培养和选拔结构就变成了员工以企业发展为目标，自身设定职业生涯并为之努力，企业给予积极的支援。

3. 导入选拔型研修制度

为了能在激烈的企业竞争中不被淘汰，企业内教育的一个重要课题就是培养富有创业能力的经营管理者。选拔型研修就是早期进行适合人选的选拔，通过研修，整理和发展职务经验。这是新时期企业内教育的一项重要措施。

4. 导入选择型研修

导入选择型研修与选拔型研修相辅相成。员工通过选择和自身设定的职业生涯相符的研修，掌握必要的职务经验和知识，以期达到发挥个人在企业中最大作用的效果。

二、企业内职业教育的改革趋势

（一）由"技能化"向"人本化"转变

"日本经济的成功得益于企业所拥有的高技能员工。日本企业职业教育关注企业自身发展急需人才的培养，所以鲜明的企业需求驱动显现的日本企业职业教育的功能性特征……其功能性也可以被诠释为功利性。由此，教育要关注人的全面发展的基本观点，在这里多少有些缺失。"

伴随着计算机、机器人和自动化控制系统的迅速发展，传统意义上人与人之间的工作内容与协作关系正受到冲击，这使得从业人员在心态与技能方面面临着很大的挑战。在经济全球化、一体化的背景下，现代企业发展的重要环节是培养既有高水平专业知识，又有丰富个性和优秀品格的新兴人才。鉴于此，日本企业在考察了自身持续发展的需要和职工生存发展的需要后，提出企业内职业教育应该更多地关注人的全面发展。对人才的界定不能狭义地局限在技术性的范畴内，还应该包含人的本性——高尚的品性、德性，进而彰显出由"技能化"向"人本化"转变的趋势。

此种教育观立足于人是社会的人，主张以德行统驭能力，注重受教育者的能力培养和道德修炼两个方面，即全面发展的人。因而，由"技能化"向"人本化"转变，是日本职业教育的重要内容，它要求在对职工培训的过程中渗透人格教育，在实践里实现个人价值和社会价值的统一。

（二）由"模仿型"向"创造型"转变

日本自1956年开始经济起飞，经过20年的努力奋斗，经济得到了迅猛发展，其产业结构由劳动密集型转变为知识密集型，向尖端化发展。过去，日本的基础性研究依赖于欧美，培养出来的人多是"模仿型"人才，他们大都长于记忆而短于理论思维，长于模仿而短于创造发明。然而，技术引进、模仿只是技术创新的手段。企业在消化、吸收后，进行二次创新，创造出有自己产权的技术和产品方能有核心竞争力。

因此，当日本科技战略转向独立自主的科技开发及理论研究时，企业就必须运用多种教育形式，向培养"创造型"人才方向发展。为了帮助职工自主自立，发挥个人的创造性和潜能，企业内教育开始注重调动职工的自我实现动机，强化其自我责任意识，开展"自我启发法"的职工教育。

日本著名教育家岸根卓郎说："人类的大脑，既存在个人水平的差异，也存在性别水平的差异，还存在人种水平的差异。因此，开发这种大脑差异的教育才是真正的教育。"因而，各企业领导人在对新录用人员的"训示"中，都要求他们以"挑战者的精神"和"先驱者的姿态"做出一番事业。如今，日本企业在战后长期被嘲笑为"聪明的模仿者"的时代已经过去，80年代以来正以具有创新能力而受到世界各国的关注。

（三）由"封闭型"向"开放型"转变

过去，日本企业内职业教育是封闭的，为了维持和发展本企业集团，几乎不与企业外教育发生相关，各个企业都有其各自的、特有的教育理念，这种自我封闭的企业内职业教育往往会限制企业间的合作与交流，与企业培养开拓创新人才的观念是不相适应的。因此，日本必须突破过去封闭的培训格局，加强企业间的交流与合作。

首先，各企业建立合作培训机构，相同培训内容的教育可以共同进行，这样既能节约资源，又很好地提高了教学质量。其次，企业间也需加强交流，分享信息、经验，可以需要建立社会上的服务中心，为开展相互交流创造机会。再者，企业与社区也应加强往来与合作，以将社会的需要、社区的发展等新动向及时反馈给企业，通过建立这种横向联系，指导企业尽快调整职工教育的方向，加强企业的社会服务职能。

（四）重视对在职人员的科技教育和技术培训

除进行技术研发外，日本企业还十分重视对人才的教育和培训，尤其是20世纪60年代后，在"教育投资论""终身教育论"和"以人为本"观念的指引下，日本的企业家十分重视对职工的科技教育和培训。其认为，企业经营水平的高低和竞争的成败在一定程度上取决于人的才能，尤其是在新技术、新工艺、新经营管理方法频繁更替之时，若不继续学习，则知识必将"老化"。日本精工公司的创办人更是强调："任何钱都可以省，但研究开发费和员工的教育训练费绝对不能省。"因此，在其领导下，企业不断扩充教育设施、兴建研修中心，对上至领导下至新进厂的工人进行技术武装。

在提供人才支撑方面，日本企业并没有单纯依赖外部教育，而是适应科技发展的需要，主动对在职人员进行先进技术教育、技能训练和经营教育等。其规定工人和各级干部在岗前和转岗时必须经过严格的训练，掌握必要的技能。在日本，大企业往往单独设立专门的教育机构，而中小企业则联合对职工进行技术和管理业务的培训。例如，新日铁的八幡钢铁厂不仅设有可同时培训2000名工人的培训中心，而且设有可同时培训300人的中层干部培训中心。

日本企业内技术教育的针对性很强，一是学习内容上以实践为主，重在提高在岗人员的能力和水平；二是目标明确，所需时间较短，多则半年或一年，少则半个月或月余。最典型的特点是根据年龄、职务、能力等分档次进行，主要包括：①对工人进行设备更新和技术改造教育，使其更快掌握新技术、新工艺；②帮助新入职的技术人员（大学毕业生）独立完成技术工作、取得实际经验，并指导其学习本专业的技术基础知识和专门技术知识；③对管理人员和领导人员进行定期轮训或开设专题讲座，促使其掌握必需的知识和能力。其中，对于管理人员，必须进行为期 6 个月的预备作业长进修培训，考核合格才能晋升。需要注意的是，对于股长以上的管理人员，一般不强调向专门方向发展，而是通过定期调动的制度促使其不断地学习新事物、接触新领域，以掌握全面综合的管理技能。

　　总之，日本企业内进行的"针对全员、针对终身职业生活，但又分阶层、对象和工种"的职工技术培训，不仅能够为新技术企业化提供大量的掌握熟练技能的工人和掌握专业技术基础知识的技术人员，而且还能够培育出既掌握技术又懂管理的综合性人才，进而为整个技术创新过程提供坚实的人才保障。

第五章 日本教育存在的问题与改革探索

进入 21 世纪以来，知识经济兴起，经济全球化以前所未有的规模和速度发展，各国围绕知识和信息的竞争日趋激烈。高度发达的教育及大批高素质人才的培养成了知识经济的社会基础。日本政府认为，虽然日本在科学技术整体水平上保持世界领先地位，但教育上仍存在亟须解决的问题。本章分为日本教育存在的问题、日本教育的改革探索两部分，主要包括家庭教育能力低下、日本教育改革提案、日本教育改革等方面。

第一节 日本教育存在的问题

一、家庭教育能力低下

从家庭教育的角度来看，家庭是孩子与家人亲密接触的场所，也是培养孩子基本生活技能和良好习惯的场所，孩子的教育和培养理应由父母双方配合共同参与，孩子的成长理应受到父母双方的关心。但是，一方面随着都市化的发展，孩子们享受着富裕的物质生活，家长在给予孩子们物质生活的同时，忽视了给予孩子们精神生活，随着妇女地位的提高，双亲一起参加工作的家庭增加，这使得家长无暇顾及孩子的教育，尤其是父亲受传统的"大男子主义"观念的影响，认为孩子的培养是母亲的责任，造成母亲负担沉重，不能全身心地教育孩子；另一方面，传统的婚姻观受到冲击，单亲家庭增加，"单亲家庭"的孩子缺少父爱，容易产生孤独感，存在沟通障碍、心理扭曲等情况。

由于物质生活水平提高，家庭教育及社会教育方面忽视了对孩子们生存能力的培养，生活实践、社会实践、自然实践等活动的开展明显减少，没有为孩子们创造在处理人与社会的关系中发掘自己、磨炼自我的环境，导致他们与人交往的能力减弱，人际关系淡薄，社会性缺乏，甚至体力下降。

目前日本家庭教育能力下降和孩子们缺乏必要的生活实践，对孩子们的成长产生着不良的影响，导致他们在成长过程中出现各种问题，如：①EQ（心理智商指数）下降；②现实与非现实的界线变得模糊不清；③欲望的控制能力减弱；④以自我为中心；⑤生存能力下降；⑥体力下降；⑦青少年犯罪增加。

二、中小学教育存在的问题

日本在经济高度成长期急需人才，家庭、社会十分重视教育的高效率，过分注重学生的应试能力和升学率，孩子们的教育基本都委托学校来完成，学校教育的价值主要通过学生的考试成绩和升学率来体现，考试和升学作为评价学校的唯一基准被序列化，孩子们的生活和学习都围绕学校考试和升学进行，孩子们的生活被一元化，同时中央集权与应试体制相结合也成为滋生一元化的教育的土壤。

20世纪90年代后期，随着经济的不景气，政府及教育界开始对过去的灌输式教育方式和应试教育体制进行反思，实行学校教育改革，逐渐尊重学生的个性和自主性，提倡特色教育和多样化教育，2001年开始实施宽松教育和学校五日制教育（周六、日完全休息），把培养学生的自主学习能力放到首要位置上，开设了综合学习课程，把家庭、地区与学校教育相结合，实行三者一体化，制定了新的学习指导纲要，但在教育内容的严选和提高教学质量上还存在分歧，其焦点是如果实施新的学习指导纲要是否会影响学生的基础学力问题。

三、厌学现象明显增多

在应试教育体制下，考试竞争激烈，并呈现出低龄化的趋势，为了取得好的考试成绩，学生成天忙于参加各种私塾，压力沉重，没有宽裕的时间去体验生活、体验社会、体验自然。另外，千篇一律的学校管理制度导致学生的个性、学生的特点、学生的想法得不到认可，随着社会的发展和变化，孩子们的身心发育及思想的多样化与学校千篇一律的教育和管理形成很大鸿沟，加之家庭和社会的教育职能下降，凌辱事件、学校暴力时有发生，使得一些学生不愿去学校甚至退学，少年犯罪增多，并呈现出低龄化趋势。

四、学校教育过分封闭

由于过分封闭的学校教育把家庭教育和社会教育隔离开，家长和社会无法积极配合和协助学校的教育管理，因此家长把对孩子的教育完全交给了学校，其结果是导致了家庭教育、学校教育和社会教育三方面不能有机地结合起来。

第二节 日本教育的改革探索

一、日本教育改革提案

在新的时代里，如何培养适应新形势的人才，如何扩大学习的场所（学校以外的学习场所），如何实行教育的多样化，营造一个"终生学习的社会"已成为日本教育面临的主要问题。

（一）协调家庭与工作的关系

孩子应该是在家庭、学校、社会的共同关心、爱护中成长的，如果仅仅为了应付考试而学习，成天浸泡在学校和私塾里，回家后得不到关爱，整天与电脑游戏相伴，这样单调的生活方式极不利于孩子身心的健康发展，家长必须深刻认识到对孩子的基本生活习惯、社会礼节等的培养是家庭教育不可推卸的责任。

①对于每天忙于工作，无暇顾及孩子教育的家长要协调家庭与工作的关系。

②对于单位，特别是企业来说，其应该关心职工的子女教育问题，承担一定的社会责任，为职工教育子女创造条件。

（二）建立培养青少年的系统

学校应为青少年提供健康的娱乐设施，使他们有机会接触社会、接触自然，培养他们的"生存能力"，为家长提供经验交流的场所和指导咨询机构。

①地方的自治团体制订市民能积极参与的"地区青少年儿童综合培养教育"计划，社会出资建立"地区青少年儿童活动中心"。设立由教育专家和有相关经验的人事组成的咨询窗口，帮助解决青少年儿童的教育培养问题。

②自治团体、学校及社区对"单亲家庭""放任教育家庭""虐待儿童家庭"等有问题的家庭的孩子重点支持和关心。

（三）创造师生相互适应的环境

随着社会的发展，学生自身的意识也发生了变化，与社会的发展不相适应的教育体制将拉大社会、学校、学生之间的距离，导致学生出现诸如厌学、学校暴力等问题。教育体制的改革必须从学生的视点出发，从应付考试转向关注学生的好奇心、探求心，使学生切实感受学习的意义和乐趣而不是负担，把培养基础学力与培养生存能力有机地结合起来。

①教育行政权向地方分化，适当减少国家制定教育课程的统一基准，增加学校依据实际情况制定教育课程的权利。

②减少班级人数，提高教学效果。班级最好以 30 人左右为单位，根据不同的学习内容组合学习班级，使班级的管理更加弹性化，这样有利于教师全面指导学生，更有效地提高学生的学力和综合素质水平。

（四）培养学生的社会性和职业性

①学生满 18 岁后成为社会人，使学生能够"自立"是学校教育的目标之一。因此学校在培养学生基础学力的同时还必须重视培养学生的综合素质，通过组织实践活动，使学生体验社会，培养他们的生存能力。

②利用"综合学习"，结合学生自身的兴趣和关心的问题，正确引导他们自己设定研讨课题，充分发挥学生的主观能动性，增加学生的社会体验、劳动体验、自然体验的机会，使他们在各种切身体验中树立正确的社会观、劳动观（职业观）。

③在国际化的时代里，学校的教育要适应多文化共存的社会，认同不同文化、不同价值观、不同民族的差异，加强异文化教育，培养学生适应异文化的能力，提高学生的人权意识，创造多文化和谐共存的学校。

（五）秉持"开门办学"的原则

孩子的教育必须由家庭、学校、社会来共同完成，学校应改变过去"封闭式"的教育，提倡家长、地区居民积极参与学校的办学，学校、家长及地区居民共同协助、相互支持。

①学校应向家长和地区居民公开情报，尊重家长和地区居民的知情权；在办学中遇到的问题应与家长和地区居民的代表商议，并将商议结果公开，从而获得家长和地区居民的支持和协助。

②学校与家长和地区居民加强横向联系，充实学生的综合学习，使综合学习更具特色，为学生进行社会体验、劳动体验搭建一个良好的平台。

（六）培养学生的职业观和勤劳观

近年来，由于经济的发展，日本的孩子生活在相对富裕的环境中，勤劳观和职业观淡薄，从初等教育到高等教育，没有系统地、充分地对学生进行勤劳观和职业观的教育和培养，职业教育与战后相比受到削弱。

①从小学到大学，根据孩子的各成长阶段制定相关的教育内容，有系统地培养孩子的勤劳观和职业观；企业和各类团体与学校协作，定期组织学生到劳

动现场去参观学习，增强学生的劳动体验；家长要以身作则，在孩子面前体现对劳动和工作的积极姿态，让孩子树立劳动光荣的思想。

②加强职业教育，各地设立职业培训基地，政府相关主管部门与企业和学校三方合作，并对接纳学生的企业在税收上给以优惠政策。高中、中专、专科、大学的学生在职业培训基地期间可取得相应的学分。

（七）推进"终身学习"理念

职业生活固然重要，但不是人生的全部。工作之余进行学习是提高生活质量的一种途径，推进终身学习需要政府与地方相互配合，设立多样化的学习场所，政府部门与地方自治体相互协作，共建终身学习的环境。

政府部门的职责：①设立多样化的学习场所，保障多样化的学习机会；②终身学习的开发与普及及情报提供；③学习效果的评价；④继承和发展地方传统文化。

地方自治体的责任：①为市民参加具有地方特色的教育、文化、体育等活动制订计划；②推进青少年参加职业体验活动；③针对市民关心的问题举行知识讲座。

（八）积极创造特色地方教育

中央教育委员会向各地方教育委员会分权，省级教育委员会向地区教育委员会分权，实行分权化管理，各级教育委员会的情报及责任及时公开，教育委员会与学校的关系由过去的"指导"关系向"支援"关系过渡，为建立"有特色的地方教育"和"有特色的学校教育"创造条件。

二、日本教育改革实践

（一）日本幼儿教育改革

1."生存力"背景下的幼儿教育振兴

（1）"生存力"教育的兴起

自20世纪90年代起，日本政府便提出"生存力"教育，并逐渐渗透至日本各个教育阶段。"生存力"教育是日本20世纪末在教育领域最为重要的改革之一，其兴起与当时日本面临国际与国内两方面巨大变革的社会背景息息相关。

其中，国际方面，经济全球化趋势愈演愈烈。经济全球化在开阔国家眼界、丰富国家文化的同时，带来的是世界范围内更加强劲的竞争。大量世界资本涌入，使日本经济倒退与环境恶化的状况不断加剧，终于尝到单一模式下高速发展经济所带来的苦果，加之西方国家产权保护意识的兴起，日本意识到不能像过去那样以模仿模式进行经济追赶。因此，从 20 世纪 90 年代中期开始，日本政府决心进行彻底的经济转型。日本政府将大量技术含量低、生产成本高的制造业转移至国外，而加强在本国发展高科技含量的产业，励志走出一条以研发与服务为主的新兴科研发展道路，这就对日本教育领域的人才培养提出了新的要求，培养与提升人才的创新能力成为日本教育领域的主要任务与目的。

同时，国内方面"少子化"危机日益严峻。"少子化"的社会问题导致日本教育领域的适龄人口不断减少，在 20 世纪 90 年代以后成为日本教育，特别是幼儿教育领域的重大隐患。在日本，"少子化"这一社会问题由来已久，日本最近一次的生育高潮在 1945 年至 1955 年，但 1955 年以后，逐年下跌，2005 年生育率 1.26 成为历史最低，更严峻的形势在于，2005 年以后即使总和生育率上升，出生人口数也在不断减少。日本国立社会保障人口研究所于 2012 年发布《日本未来人口预测》，报告中预测至 2050 年，日本的出生人口为 48.5 万人，将不足现有的一半水平。可以看出，21 世纪以来"少子化"问题颇为严峻，已带来日本幼儿教育资源浪费、幼儿教育机构经营困难等各种连锁反应。有数据显示，2005 年至今，日本幼儿教育机构每年以 15 所的速度在减少，保育所与幼儿园都出现不同程度的人力资源过剩，保育所方面更甚。

经济全球化竞争的逐年加剧与"少子化"危机的日益严峻，使培养人才以适应当今国内外环境的"生存力"教育在日本应运而生。从"生存力"的概念被提出至今，其内涵已经历两次改变。最初，"生存力"教育是指"充分提升学生的个性发展"，2008 年，日本文部科学省颁布《学习指导要领》，将其内涵转变为"注重知识、能力与情感"，2013 年，日本国立教育政策研究所颁布《培养适应社会变化的素质与能力的教育课程编制的基本原理》，提出"生存力"教育的内涵转变为"资质与能力"。现阶段，日本政府将"生存力"的内涵准确地定义为"丰富的人性、健康的体力、确实的学力"三个层面。

（2）幼儿教育的"生存力"

日本的学前教育被称为幼儿教育，分为 0～2 岁的保育所教育与 3～6 岁的幼儿园教育。日本历来重视幼儿教育，是世界幼儿教育强国之一，其幼儿教育的优等质量为其人才培养质量奠定了坚实的基础。明治维新时期，日本教育开启近代化进程，日本政府于 1926 年颁布《幼儿园令》，且于 1938 年成立厚生省，并在此基础上建立托幼一体化的幼儿教育体系。"二战"后，日本社会遭受沉重打击，城市破坏、物资匮乏、粮食不足、物价上涨，国民生存陷入危机，儿童成为最大的受害者。为了改善孩子的生存与教育环境，日本政府于1947年颁布《儿童福利法》，以大幅度提升儿童福祉保障本国幼儿教育，这一政策理念与措施极大地恢复并促进了日本幼儿教育，因此一直被沿用。进入20世纪70年代，日本经济快速发展，政府财政无比充裕，为日本幼儿教育的扩充提供了充足的经费保障，这一时期，日本新增4 000多所相关教育机构，以提高福祉为教育理念的日本幼儿教育进入鼎盛时期。从"二战"后至90年代，日本政府大幅提升福祉，为幼儿教育的恢复与发展提供了强有力的持续支持，而幼儿教育的恢复与发展，可以减少日本家庭负担，保证日本经济与社会发展所需的劳动力。

提高福祉的教育理念与措施一直持续至20世纪末。进入90年代后，日本国内外社会环境不断改变。在经济全球化竞争加剧与"少子化"危机日益严峻的背景下，"生存力"教育的提出与发展，使日本政府认识到，只关注与提升儿童的福祉，难以推动本国幼儿教育的继续前行。与此同时，终身教育在日本社会渗透，加快推动日本幼儿教育改革。20世纪60年代以后，知识社会日趋发展，终身教育理念被提出并快速发展，至今，这一理念已经历初创期、发展期、立法期三个阶段。日本政府于1990年颁布《终身学习振兴法》后，终身学习便被纳入国民教育体系，以文部科学省与总务省为主体的联合推进体制，来主导日本终身学习的推进过程。此后，终身教育理念在日本全面普及，以推广"生涯学习、社会教育"为教育目标。终身教育要求按照幼儿教育、青少年教育、成人教育和老年教育的时间顺序谋求教育的有机统一，在培养目标、理念和内容上也追求联系和统一。在这一教育理念的影响下，幼儿教育成为人才培养的首要同时也是关键过程，进而加速促进日本幼儿教育现状的改革。

因此，随着"生存力"教育的兴起与普及，以及终身教育理念影响的日益深入，日本政府于21世纪着手改革，力图振兴本国幼儿教育。2005年，文部科学省初等、中等教育局幼儿教育科颁布政策《幼儿教育振兴行动项目》，标志着日本幼儿教育振兴改革正式开始。振兴改革中，日本政府认为幼儿教育不应仅仅重视眼前的教育结果，应更加重视培养孩子未来终身学习的能力，即应重视培养孩子的"后劲力"。幼儿教育与其他时期教育的不同之处在于，幼儿时期的孩子大多通过伴随身体感觉的各类活动，在丰富自身人格的同时，培养其终身学习欲望与以好奇心、探究心为基础的学习态度。

可以说，幼儿教育属于学习的萌芽时期。正因为如此，日本政府认为幼儿教育的范围不仅包括保育所、幼儿园在内的学校教育，还应包括家庭教育与地域教育。因此，培养孩子成才的"生存力"是日本幼儿教育振兴改革的根本目的。

2. 内外双修的振兴改革具体措施

日本幼儿教育振兴改革的根本目的是从孩子进入幼儿教育的一刻起，培养其能够在社会中成才的"生存力"，其具体措施如下：

（1）幼儿教育内部振兴改革措施

第一，确保全体孩子的入所或入园率。在日本，幼儿教育包括 0～2 岁的保育所教育与 3～5 岁的幼儿园教育，而保育所与幼儿园的性质包括公立、私立与公私立相结合三种类型。由于幼儿教育机构性质不同，所产生的教育费用也不尽相同，私立幼儿教育机构所产生的费用往往高于公立幼儿教育机构，十分昂贵。据统计，直至 2019 年，日本共 1 259 个县市设立幼儿教育机构，其中，仅有私立幼儿教育机构的县市共 475 个，占 37.7%，私立与公立幼儿教育机构共同设立的县市有 435 个，占 34.6%，只有公立幼儿教育机构的县市有 349 个，占 27.7%。可以看出，私立性质的幼儿教育机构明显多于公立性质的幼儿教育机构，不仅如此，日本总人口不满 5 000 人的县市，幼儿教育机构明显不足，导致不同地区幼儿教育质量参差不齐的问题。为了解决这一问题，日本初等中等教育局幼儿教育科明确指出"日本幼儿教育未来的发展方向是保证所有适龄孩子都能够进入相关幼儿机构中进行学习"。为保证适龄孩子的入所或入园率，日本政府所采取的具体措施包括：①调整不同地区幼儿教育机构比例，保证人口较少县市的幼儿教育机构充足；②增加公立或公私相结合的幼儿教育机构的比重，逐步实现幼儿教育免费化，减少日本民众的家庭负担；③实施并推进"孩园认定"制度，即以地方性公共团体为主体的幼儿教育责任制。

第二，加强幼儿教育的连续贯通性。日本幼儿教育振兴改革的目标是培养孩子成才的"生存力"，而"生存力"的培养是持续的，不仅需要幼儿教育，还需要幼儿教育之后的学校教育。因此，日本政府通过强化幼儿教育与小学教育的连续贯通性来实现对孩子"生存力"的持续性培养。目前，日本有 9.7% 的幼儿教育机构完全没有与小学的衔接计划，7.2% 的幼儿教育机构与小学有少量交流，56.7% 的幼儿教育机构与小学有完整的衔接计划却没有完整实现，仅 18.2% 的幼儿教育机构具有与小学完整的衔接计划并实现半数以上。

可以看出，现阶段日本幼小衔接水平还有待提升，具体的改革措施包括：①充实幼儿教育的内容与方法，加强幼儿教育阶段与小学教育阶段内容的衔接。2019 年 3 月，日本初等中等教育局幼儿教育科颁布《幼儿园教育要领》，要领中指出"幼儿教育应以小学教育为基础，加强对孩子生活与学习习惯的培养，特别是加强 5 岁以上孩子协同能力的指导，同时，中央政府与地方政府一同确定与实施不同区域内幼儿教育课程指导计划"。②以加大奖励的方式推进幼儿教育阶段与小学教育阶段的人事交流。日本政府推进二者间人事交流的方式是建立保育所、幼儿园与小学教师之间的研修制度，即幼小教师能够相互实地访学，切身了解不同教育间的区别与联系，而研修期限至少6个月。③建立幼儿教育阶段与小学教育阶段的衔接学校，探索幼小一贯制教育。在国家宏观政策的支持下，日本地方政府也在积极探索本地的幼小衔接，以市町村教育委员会为主体，确立幼小一贯制度，并在制度指导下进行幼小一贯制学校的建立，提升幼儿教育教师的专业程度。教师是幼儿教育的主体，年幼孩子的自主思考、判断能力较弱，相比其他阶段教育，往往更为依赖教师的指导，可以说，幼儿教育教师的专业程度，是决定幼儿教育质量的核心。

在日本，无论是保育所还是幼儿园教师都被分为园长、副园长（教头）、教喻三种等级，每种等级又分为普通教师资质与保育师资质，普通教师资质可以通过专业的教育获取，即允许制度，而保育师资质更为专业，需通过专门考试获取。现阶段，日本幼儿教育机构取得资质的教师人数占比为82%，虽然整体水平较高，但存在取得园长等级资质的教师占比较低，取得专业的保育师资质的教师人数较少，公立幼儿教育机构教师专业水平明显高于私立幼儿教育机构等问题。为了解决这些问题，日本政府于2016年公布第87号法令，修订《教育公务员特例法》及一系列行政条例，对幼儿教育教师的免许、雇佣、人事、进修等制度进行大刀阔斧的改动，具体措施包括：①在幼儿教育教师的培养阶段，提升预备教师专业知识与就职实践的程度，以丰富的知识储备与专业的实习过程，保证预备教师的培养。②提高教师取得幼儿教育允许资质的条件，并将其取得允许资质的年限由3年提升至4年。③探讨吸引男性从事幼儿教育的方案，增加幼儿教育中男性教师的比例，保证幼儿教育教师男女比例平衡。

（2）幼儿教育外部振兴改革措施

日本政府认为孩子从经验中获取教育，这一过程不仅存在保育所或幼儿园等幼儿教育机构，还存在于孩子的家庭与所处的地区。因此，加强家庭教育与地域教育是振兴日本幼儿教育的关键。为了增加家庭与地域的"教育力"，日本政府主要的改革措施包括以下方面：

其一，加强幼儿教育与家庭教育、地域教育的联系，以提升二者的"教育力"。家庭教育与地域教育能力的提升，需要幼儿教育的充分融合。日本政府以保育所、幼儿园为媒介，加强其与家庭、地域教育间的联系，具体而言：①以"共同成长"为主题加强幼儿教育与家庭教育的联系。在日本，"共同成长"理念是指通过保育所或幼儿园的各种措施，使家庭中父母参与到幼儿教育中，陪伴孩子一同成长，以保证家庭教育与幼儿教育的融合。其中，为了提高父母在保育所、幼儿园的参与程度，增加父母的教育职责，日本政府鼓励保育所、幼儿园确定定期交流制度，保证父母了解孩子在幼儿教育机构的学习、生活；鼓励保育所、幼儿园组织开放活动，以"登园日"的形式邀请父母参观幼儿教育机构，保证父母了解孩子生活、学习的范围。②以建构幼儿教育机构与地域社会的双向网络为目标，加强幼儿教育与地域教育的联系。为建构保育所、幼儿园与所在地区的联系网络，日本政府鼓励保育所、幼儿园尽量多利用地区内儿童馆、公民馆进行幼儿教育，使孩子了解当地文化生活；鼓励保育所、幼儿园多组织孩子参与地区祭典、募捐等社会活动，增加当地居民对孩子的幼儿教育。同时，日本政府要求地方政府建立灵活、无障碍的地区幼儿教育资源活用机制，即通过地区教育团体或幼儿教育支持组织提供信息，利用地区内富余的地区或教室，完成幼儿教育活动，并积极组织地区志愿者组织、民生儿童委员会参与。

其二，推广家庭教育、地域教育的终身教育理念，提升二者的"教育力"。自 20 世纪 90 年代以来，日本"少子化"危机的不断扩大很大程度上是由于日本女性工作文化的提升。

日本传统文化中，女性婚后成为全职主妇不工作，是幼儿教育的主体与中心，而 90 年代日本经济泡沫破裂，崩溃社会经济中单纯的男性工作不足以维持家庭开支，女性工作文化逐渐形成。家庭中男女双方工作，导致"少子化"危机不断扩大，即使生育孩子，孩子的教育也基本成为保育所、幼儿园等教育机构的职责。为应对这一问题，日本政府于幼儿教育改革中引入终身教育理念，主要是指将"共同成长"这一幼儿教育的终身教育理念引入日本企业，鼓励日本企业从支持幼儿教育的视角出发，采取建立育儿休业制度、修订工作机制等措施。其中为了提升家庭"教育力"，企业所建立的育儿休业制度可以增加休假时间以保证父母充足的家庭教育时间，而企业修订工作机制可以采取缩短劳动时间、建立短时间工作制度、鼓励在家办公等方式，以灵活的工作评估机制寻求职员特别是男性职员的企业工作与家庭教育的平衡。不仅如此，为了提升地域"教育力"，日本政府鼓励企业参与地域幼儿教育活动，包括以企业身份参与地方政府或地方团体所组织的幼儿教育活动。

3. 振兴改革保障机制

为了振兴本国的幼儿教育，日本政府颁布一系列相关政策，对其进行大刀阔斧的改革。可以看出，颁布相关政策是保证日本幼儿教育振兴改革的基础，而建立幼儿教育改革的保障机制，则是保证日本幼儿教育振兴改革中相关政策的制定、实施、修订等各个过程顺利进行。在幼儿教育振兴改革中，日本中央政府主要负责政策制定，地方政府主要负责政策实施，而幼儿教育本身的评价则是政策是否修订、如何修订的重要依据。因此，日本幼儿教育振兴改革应从中央政府、地方政府及幼儿教育机构三个层面着手，建构相关政策的保障机制。

第一，制定振兴改革相关政策时成立幼儿教育专业研究组织，确保宏观整体实证调研的顺利进行。在幼儿教育振兴改革政策制定阶段，日本政府认为从国家宏观层面实施幼儿教育振兴改革的具体措施及推进其后续改革，需要从整体视角明确幼儿教育的社会环境，将具体问题作为改革课题的同时，积累研究成果以提供或反馈给社会。专业研究组织对幼儿教育振兴改革政策的实证调研，是日本幼儿教育振兴改革政策的前期准备工作。

例如，日本振兴改革政策的制定需要明确，对幼儿而言何时进行教育是最为合适的。日本政府在政策的前期调研阶段，将这一问题作为幼儿教育主题，以研究课题的方式交予脑科学、心理学等相关专业较为发达的大学或研究机构进行研究，以科学合理的研究方法所得到的研究结果形成一定程度的数据库，作为幼儿教育具体政策制定的依据。可以说，日本政府专业的研究组织与人员、科学的研究方法、充足的实践调研，是保证日本幼儿教育振兴改革政策制定的关键，是日本幼儿教育保障机制的基石。

第二，实施振兴改革相关政策时建立幼儿教育一贯制支援体系，保证中观局部全力支持。在幼儿教育振兴政策实施阶段，日本政府认为从地方中观层面实施幼儿教育振兴改革的具体措施及推进其后续改革，需要从地方局部的视角简化当地幼儿教育行政体制，以高效的行政体制推动一个地区建立地区性一贯制支援体系。

其中，简化幼儿教育行政体制是指整合地区性幼儿教育行政事务。在日本，公立幼儿教育机构的地区行政机构为都道府县或市町村教育委员会，而私立幼儿教育机构的地区行政机构为"知事"（区域行政首长），导致同一国家政策对同一地区的公私立幼儿教育机构产生不同的政策效果，不利于政策执行。在幼儿教育行政振兴改革中，不再以幼儿教育机构的性质划分地区行政机构，而是确定地区行政机构清晰的职责与内容，面对所有当地幼儿教育机构进行政策执行，以提高行政效率。

第三，修订振兴改革相关政策时引入切实合理的相关评价机制，保障幼儿教育内外评价。日本幼儿教育改革中所实施的振兴政策，在国家政府宏观制定与地方政府中观执行下，最终作用于日本幼儿教育及其教育机构，振兴政策效果如何、是否需要修订，以及如何修订，即需要合理的评价机制从微观的视角对其进行评价。振兴改革中，日本政府认为幼儿教育评价机制应切实提升内部评价与积极引入外部评价。

其中，幼儿教育的内部评价机制以维持与提升自身教育水准、保证孩子健康成长为出发点，对自身进行合理评判，而外部评价机制则以建立可以信赖的地区性幼儿教育机构为出发点，合理利用学校评议员制度或学校运营协议会制度进行评判。无论是内部评价机制还是外部评价机制，信息与情报的公开透明是保证幼儿教育评价的重要基础。

因此，振兴改革中日本幼儿教育机构应及时、高效地为监护者与地区民众提供评价信息，公开透明公布评价结果。可以看出，在日本幼儿教育振兴改革中，日本中央政府从宏观上保障相关政策的制定，地方政策从中观上保障相关政策的实施，幼儿教育机构从微观上保障相关政策的修订，其共同建立完整的日本幼儿教育振兴改革保障机制体系。

4. 振兴改革根本逻辑

日本幼儿教育振兴改革通过颁布一系列政策，达到培养孩子成才的"生存力"的改革目的，以改变过去以提升福祉为出发点的幼儿教育体系，从而振兴日本幼儿教育。

可以说，振兴改革使日本幼儿教育真正融入人才培养的一环。分析幼儿教育振兴改革中所颁布政策的机理，能够更清晰地理解日本幼儿教育振兴改革的根本逻辑，同时，能够更深刻地认识其在人才培养方面的核心价值。

（1）培养环境：全面整体的融合系统

通过相关政策，日本幼儿教育振兴改革体现出全面整体的融合系统性政策机理。在对幼儿教育本身进行改革的同时，日本政府秉持系统理念，根据孩子的活动范围将幼儿教育与家庭教育、地域教育紧密相连。"系统"一词，最早出现于斯多葛派哲学家的理论著作中，赋予其本体论含义为世界的秩序。20世纪20年代，美籍奥地利生物学家、哲学家路德维希·冯·贝塔朗菲提出一般系统论思想，使系统的思想作为一门科学与完整的理论被确立下来，至70年代，一般系统论作为一种新的科学方法论，在自然科学、社会科学等领域引起广泛关注，活跃于国际学术舞台。系统理念以系统环境、系统结构与系统行为为研究对象，三者之间构成的系统具有整体性、动态性、有序性、目的性等特点。

由于日本政府深切认识到孩子在幼儿阶段思维发展不够成熟，对其的教育引导往往通过实践活动等经验事实行为进行，而孩子的幼儿教育活动，也不再停留于保育所或幼儿园等幼儿教育机构，而扩大至家庭与社会。日本政府正是在系统理念的指导下，为实现对孩子的培养，不仅将幼儿教育本身作为教育系统进行整体规划，更是将其与家庭教育或地域教育看作完整的系统。

可以看出，孩子的发展与培养不仅是一个漫长且循序渐进的过程，并且这一过程与社会各方面息息相关，教育、家庭属于社会系统中的一部分。在日本幼儿教育振兴改革中，幼儿教育、家庭教育、地域教育三者成为单独而紧密相连的系统，其中，幼儿教育系统与家庭教育系统相互平行，共同与地域教育系统发生联系，最终，幼儿教育与家庭教育融入地域教育，成为地域教育系统的子系统。

同时，幼儿教育、家庭教育、地域教育所组成的体系具有系统的特点：第一，幼儿教育机构、家庭环境、局部地域三者能够覆盖孩子活动的全部范畴，其系统具有整体性特征；第二，幼儿教育、家庭教育、地域教育三者相互联系、相互关联、交叉相融，共同促进孩子的教育；第三，根据幼儿教育规律，家庭教育与地域教育也随着孩子的成长，进行不同的教育活动，使其系统具有动态发展特点；第四，幼儿教育、家庭教育、地域教育三者在中央政府的指导、地方政府的组织下，能够合理有序地进行教育活动的交流与融合；第五，在幼儿教育振兴改革的背景下，三者的教育目的明确，即培养孩子的"生存力"，使其进入其他教育阶段后能够适应。可以看出，日本幼儿教育振兴改革在系统理念的指导下，将幼儿教育与家庭教育相联系，并融入地域教育中，能够形成全面、整体、融合的系统，促进幼儿教育发展及其系统下人才培养。

（2）培养路径：内部一体与外部贯通

通过相关政策，日本幼儿教育振兴改革体现出内部一体与外部贯通的政策机理。为了改变日本幼儿教育一直以来过度关注福祉的状况，日本政府通过振兴改革将幼儿教育真正融入人才培养体系，使幼儿教育成为人才培养的第一环。人才培养并非一朝一夕，正所谓十年树木，百年树人，人才培养是一个连续性过程。振兴改革中，日本幼儿教育作为人才培养的起点，随着孩子的成长，其连续性过程包括建构幼儿教育内部一体性教育体系与建立幼儿教育外部的贯通性渠道。

具体而言：其一，幼儿教育内部一体性是指建构保育所与幼儿园之间的一体性教育体系。日本保育所主要进行 0～2 岁孩子的幼儿教育，幼儿园主要进行 3～5 岁孩子的幼儿教育。振兴改革前，二者除了在年龄上可以完整顺接幼儿阶段的教育外，在教育内容、教师标准、课程设立、教育方法，甚至行政管理等其他方面属于完全独立的两种教育类型，而振兴改革对日本幼儿教育的目标设定中，第一个即为"建构保育所幼儿园连携制度"，具体要求为"促进保育所与幼儿园一体化教育体系的建立，使保育所与幼儿园无并明显差别，共同成为小学教育前支持孩子的教育体制"。幼儿教育内部建构一体化教育体系，能够根据幼儿不同年龄段的特点进行幼儿教育，保持整个幼儿教育阶段的完整，促进人才培养教育目标的完成。

其二，幼儿教育外部贯通性是指幼儿教育与小学教育之间贯通性渠道的建立。保育所幼儿园连携制度是为促进幼儿教育成为小学教育前的支持的教育体制，即促进幼儿教育与小学教育的贯通。所谓教育的贯通性，是指随着孩子的成长，不同的教育阶段不仅具有一般性升学渠道，还具有相同教育理念、有层次的课程内容、相似的教学方式、有支持力的学校制度，并使孩子在不同的教育阶段接受连续的、富有层次变化的培养。建立幼儿教育阶段与小学教育阶段贯通性渠道，是日本幼儿教育融入教育人才培养体系的根本保证，只有保持孩子在幼儿教育阶段与小学教育阶段教育渠道的贯通，才能保证其人才培养过程的连续性。

（3）培养本质：内涵明确与条理清晰

日本幼儿教育振兴改革的目的包括直接目的与根本目的。其中，直接目的是改变幼儿教育过去仅关注福祉的现状，而根本目的是培养孩子成才的"生存力"。"生存力"这一人才培养标准的建立，成为日本幼儿教育振兴改革的逻辑起点与最终目标。振兴改革中，改革目标为培养孩子成才的"生存力"，这一"生存力"具有清晰的内涵。"生存力"即通过教育，人才具有能够在社会上生存的力量。《学校教育法》第二十九条将"生存力"的内涵准确地定义为"丰富的人性、健康的体力、确实的学力"。

其中，丰富的人性指通过学校教育，人才成为国家与社会责任的承担者，掌握必要的教养与行为规范；健康的体力指通过学校教育，人才掌握自我健康管理的方法；确实的学力是指人才在学习、创新等方面的综合素养，是一个包括学习内容、学习能力、学习态度在内的完整体系。确实的学力作为"生存力"的核心，被引申为"学力的三要素"。《学校教育法》第三十条第二款规定"必须特别培养学生的基础知识及技能以及在活用知识与技能的基础上解决问题的思考力、判断力、表现力及其他能力"。

不仅如此，"生存力"的内涵还具有清晰的条理。"生存力"包括人性、体能与学力。充满国家与社会责任心是人才的品格或道德素养，是人才之所以为人才的前提，健康的身体与充沛的体力是人才的基础，是人才发挥其才能的有力支持，确实的学力是人才培养的关键，人性、体能与学力三要素之间表现出"知识、能力素养"的培养过程，也就反映出一种由浅入深、由显性至隐性的人才培养思路。学力三要素的培养，对人才保持多样性并在社会中发挥其独特性作用至关重要。可以看出，丰富的人性、健康的体力、确实的学力是保证人才生存的前提、基础与关键，三者条理清晰、缺一不可。

总而言之，日本幼儿教育振兴改革，实质上反映的是"如何建构日本幼儿教育人才培养体系"的问题，其本质为人才培养改革。"二战"以来，为了快速恢复教育，日本政府以相对片面的理念与思维，将幼儿教育阶段独立于其他教育阶段之外，仅关注如何提升其福祉。虽然在一定时期内，提升福祉的理念与做法促进了日本幼儿教育及整个社会的发展，但进入 21 世纪后，日本社会环境逐渐改变，国际上经济全球化竞争加剧与国内"少子化"危机的日益严峻，使日本政府认识到幼儿教育在人才培养中的重要作用。因此，日本政府开展幼儿教育振兴改革，以系统的理念与思维，将幼儿教育置于整个人才培养过程中，明确幼儿教育能够与其他教育阶段相衔接，使其成为人才培养的第一步。现阶段，我国面临相似的国内外环境与问题，日本政府在幼儿教育改革层面的先行探索经验，为我国幼儿教育发展及质量提升提供了参考。

（二）日本基础教育改革

1. 基础教育体系改革

为了应对社会结构和区域经济社会发展的变化，形成与学生成长相适应的学习，进一步培养学生的个性和创造力，促进基础教育的持续性发展，日本积极推进基础教育体系改革。一是建立中小学综合教育制度促进小学综合教育和中学综合教育与幼儿教育的有机衔接；二是实施基础教育弹性学制，建立高中阶段提前毕业制度，允许高中毕业生提前毕业；三是根据学生的能力、才能和职业发展改善和加强学生教育工作，有针对性地开展教育；四是加强基础教育与大学之间的联系，促进基础教育和大学教育有机衔接。

2. 基础教育保障体系构建

建立中小学校教学质量验证改进系统，构筑基础教育质量保障体系；按照新的中小学校学习指南要求增加教育教学内容；注重学生批判性思维、沟通技巧、体验式学习能力以及语言和沟通能力的培养；加强学生学术能力考核和学习状况调查，以多种方式了解高中学生的学术能力；建立具体科学的教育指导体系，注重利用信息技术进行课堂教学创新，在教师培训、招聘的每个阶段进行综合改革，建立和完善教师培养培训系统，优化教学班级规模和人员配置；

推进行政管理体制和制度改革，充分利用学校所在地的优质教育资源，与社区共同建设学校，形成各有特色的基础教育管理体系。

3. 教学内容和方法改革

为了培养学生未来所需的素质和能力，日本重新审视和更新中小学课程设置和课程教学内容，注重学生知识和技能的掌握以及思维能力、判断能力、表达能力、学习态度等方面的培养，促进学生主动学习，通过改革确保学生在每个学习阶段都能够获得学习能力、提升学习能力。

根据未来人力资源素质和能力要求进行教学内容改革。例如，在高中教育中增加"数理探求"等教学内容，综合利用数学和科学的知识开展独立的探索活动，培养学生数理交叉的素质和能力，为大学跨学科学习奠定基础；在小学和中学阶段加强计算机科学基础教育，包括计算机原理、计算机编程教育等。

教学方法改革的核心是促进学生主动学习。通过主动学习，学生可以提高自主解决问题的能力以及与他人交流协作共同解决问题的能力。衡量学生是否是主动学习，主要是看学生在获取、利用和探索的过程中是否实现了深度的学习、是否实现了与他人合作、是否进行了交互式学习以及学校是否开设有学生自主学习的课程。

为了推进学生主动学习，日本采取的措施主要有以下几种：一是加强宣传，使父母和社会都能够理解主动学习的意义，营造主动学习的氛围；二是对学校主动学习的情况进行评估，针对性地加以改进；三是学校从主动学习的角度持续改进课程，改革课堂教学方法，采取多种教学方法，有效推进主动学习。

4. 强化中小学英语教学

为了加强中小学英语教育，日本制定国家英语振兴计划，通过采取中小学英语教学提前列入课程教学、引入外教等措施，加强英语教学，培养学生的听、说、读、写能力。英语教学采取的主要措施有以下几种：重新审定国家规定的英语教学的目标和内容；改革英语教学方法和学习指导方法；在大学入学考试中灵活使用衡量四种英语技能的英语资格考试和检定结果；改进英语教材，加强英语教师培训，增加外教数量等。

5. 推进中小学教育信息化

随着信息技术的快速发展，其对教育的影响越来越大。提高学校信息化教学水平，培养信息化条件下教师的教学能力和学生的学习能力，是教育改革和发展的方向。为了培养学生的信息化能力，日本地方政府加大财政投入，制定建设目标，加强中小学信息化基本条件建设。

日本积极利用信息技术促进教育创新，以信息化建设推进学和教方法的变革。采取的措施主要有：强化提升学生信息利用能力的学习活动、加强程序设计教育、促进课堂上的信息技术环境的改善、提高教师的信息技术指导能力等。

6. 促进学生的职业素质培养

职业教育不应侧重于学习特定的职业而应着重于使一个人在整个职业生涯中为社会提供新的价值。依据这一职业教育理念，日本根据不同的中小学教育阶段，针对性地推进中小学职业教育。采取的主要措施有以下几种：一是加强与当地社区和行业合作，推进职业教育，以促进儿童和学生的社会和职业独立性；二是通过举办职业教育促进研讨会，传播、启发职业教育；三是实施中小学生创业试行促进项目、社区人力资源开发事业规划推进项目、学生与社会交流的桥梁搭建开发项目等，以此系统地培养学生的职业素养。

（三）日本高等教育改革

1. 日本高等教育改革

信息化、国际化加速发展，少子化、超智能社会到来……面对社会经济环境正在发生的翻天覆地的变化，日本高等教育如何持续改革才能肩负支撑经济社会发展的重任？

教育发展关乎知识产出，而高等教育肩负着支撑一国经济社会发展的重任。作为世界发达国家的日本，其高等教育的定位是"站得更高、望得更远"，认为自身有责任、有义务为世界发展及和平做出贡献。

当前，日本高等教育所处的社会经济环境正在发生翻天覆地的变化，伴随着超智能社会的到来以及信息化、国际化的加速发展，日本正加速向知识集约型社会转变；少子化给日本经济社会发展带来层层阴霾；首都圈发展过热、地方圈发展乏力阻碍着日本整体实力的提升。

（1）开创国立大学自主运营新常态

2020 年 12 月 25 日，日本文部科学省发表决议，围绕国立大学的自立自主运营以及国家所应肩负的责任等进行了重新定义。

日本政府表示，国家有义务构筑能够让国立大学充分发挥应有职能的社会环境，但为了让国立大学法人能够进一步发挥自主能动性，必须重新定义国家与国立大学之间的关系，逐步从以往基于规制的事前管理转变为事后核验的模式，进一步放开对国立大学的管束。同时，国立大学在扎实推进国家委派的各项课题的基础上，还应构建"举全社会之力"的大学经营模式，致力于实现大学活动成果的可视化，确保信息公开的透明性与及时性，进一步构建融入外部视角的多元化大学评价机制。日本将在国立大学"中期目标与中期计划的制订落实""评价方式""内部组织运营""人事待遇管理"等方面逐一进行改革。其中，围绕"中期目标与中期计划的制订落实"，日本政府指出，针对国立大学所应发挥的职能，国家应列出宏观层面的基本框架，国立大学则根据自身的运营目标及发展理念从中进行选择，进而有针对性地制订出为期6年的中期计划，计划中应包含明确的职能目标以及可验证的评价指标等。

围绕进一步放开国家对国立大学的管控，日本将在"财源确保及投入产出的良性循环""大学定编的灵活管理"两方面制定相应措施。针对前者，将进一步扩大对国立大学法人的长期借款、债券发行等；针对后者，将进一步简化院系、学科重组过程中产生的定编变更手续，制定有助于大学内部不断进行改革的特例措施。

日本文部科学省指出，通过进一步提升国立大学的运营能力，可实现大学组织的新陈代谢以及资源的高效分配，同时敦促国立大学面向全社会进行信息公开，通过严格的监管措施实现国立大学资金的良性循环，进而开创出日本型大学运营的新常态。为使国立大学法人实现根本意义上的自主运营，日本政府还将逐步修订《国立大学法人法》等相关法令并新设系列法规。

（2）构建亚洲高等教育共同体

2021年2月4日，日本文部科学省推出"构建亚洲高等教育共同体计划"。

为培养活跃于世界舞台的国际化人才，提升日本高等教育的质量以及扩大其在世界范围的影响力，日本文部科学省于2011年启动高等教育国际化项目"加强大学的世界拓展力"，通过协同国外大学开展学生交流和互换，进一步构建高等教育互联网络。自项目实施至今，日本正逐步有序推动本国大学与世界不同国家和地区高校间的合作。如2011年启动与东亚地区大学合作的"亚洲校园计划"，并加强与美国及欧洲大学的协同教育；2014年开始加强与东南亚国家大学间的交流；2015年起增加与南美洲国家大学的交流合作；2014年和2017年则加大与印度、俄罗斯两国大学合作的力度。

综上，日本文部科学省每年都会指向特定国家和地区制订具体的项目开展计划。2021年，日本文部科学省发布2021—2025年项目计划"构建亚洲高等教育共同体"。亚洲地区拥有世界60%的庞大人口，生产总值约占世界总体的36%，通过构建亚洲高等教育共同体，日本一方面能够增进与中国、韩国之间的和平友好关系并进一步推动世界和平；另一方面也能够与留学生市场日趋庞大的东南亚地区加强合作往来并有利于抢占人才和市场的先机。未来5年，日本政府将在保障质量的基础上，加大与亚洲地区大学间的交流，主导制定极具灵活性和开放性的国际合作规则，力图构建后疫情时代新型国际教育交流之典范，打造充满和谐的亚洲高等教育共同体，进而为亚洲及世界的和平发展做出贡献。

具体来讲，亚洲高等教育共同体项目将聚焦以下两方面制定相应措施：一是主导制定后疫情时代亚洲通用的高等教育质量保障基准，鼓励日本大学在与中国、韩国及东南亚等地区大学开展合作的同时，在学分互换、学位认证、质量保障、资格考试的数字化管理等方面形成一套统一的管理标准；二是结合后疫情时代的发展特点，充分挖掘线上交流潜能的同时，进一步推广并深化"亚洲校园计划"，鼓励中日韩高校开展深度合作，设立双学位项目、联合培养项目、学期或学年交换项目、短期交流项目，加大三国高校核心课程合作，增加学生参与人数，强化本科生和研究生层次的人才培养，遴选出 10 项中日韩三国大学协同合作的交流项目以及 10 项将中日韩三国大学合作经验推广至亚洲其他国家的交流项目。

（3）地方振兴，大学先行

当前，日本正面临人口资源过度涌入首都圈（东京都、千叶县、栃木县和神奈川县），以及由此引发的日本地方因人口流失而发展乏力的"地方消亡"问题。与此同时，新冠疫情的蔓延也给日本政府敲响警钟，过度集中大都市圈的发展模式充满危机，以振兴地方为核心的区域分散型发展成为日本经济社会转型的核心战略。

地方振兴，大学先行，作为区域社会知识及智慧集聚地的大学将发挥不可替代的作用。地方大学能够为地方社会发展输送医疗、福利、教育等领域的核心人才，能够通过协同产业界的继续教育提升当地劳动人口的素质和技能，还能发挥教育研究职能，开发基于当地社会发展特点和优势的新型产业，进一步增加就业岗位。

2021 年 3 月 2 日，日本文部科学省发表决议，将于 2022 年起允许除首都圈以外的地方国立大学增加招生名额，但前提条件是必须能为振兴地方做出贡献，围绕促进年轻人的地方升学与地方就业等区域振兴对策制定实质性措施。2004 年国立大学法人化改革以来，日本政府一直禁止国立大学增加招生名额，但此次打破以往规则，允许符合条件的地方国立大学以特例形式增加招生名额，意在让作为日本最前沿知识和智慧引擎的国立大学成为地方社会变革的动力源泉。具体来讲，能够增加招生名额的地方国立大学在学科重组、课程改革等运营过程中必须做到以下几点：

一是为地方振兴做出贡献。国立大学需要在校长的强力领导下发挥自身优势，在留住并吸引年轻人扎根地方等方面为其他大学做出表率，真正为地方振兴做出贡献。在此过程中，地方政府可设置扎根当地的奖学金制度，协同大学和产业界等创造基于地方特点的新兴产业。

二是构建举全区域之力的协同合作平台。国立大学需要构建与其他公私立大学等高教机构、当地政府、产业界间的协同互联网，共同制定区域发展战略规划，运用在线教育开展与其他大学之间的合作，协同当地企业开展学生实习实践活动。

三是为区域增加就业岗位，创造新型产业并提升继续教育水平。国立大学需要将区域新型产业发展目标及人才需求等纳入大学教育、研究及社会贡献等各项职能中；协同地方政府及产业界为学生提供丰富多彩的免费讲座；面向地方社会的女性及在职人员提供继续教育在内的职业提升与职业转换等相关支持，进而培养符合区域发展需求的核心人才。

四是制定中长期发展及评价指标。能够增加招生名额的地方国立大学实属特例，因此这些大学有义务对措施实施的成效负起责任，并接受来自国家、地方政府、产业界乃至全社会的问责和监督。为便于日后的责任说明和信息公开，这些大学需要制定能够客观验证措施成效的系统性中长期指标。

五是为后疫情时代的新型工作方式改革做出思考和探索。新冠疫情的蔓延，让日本社会普遍认识到区域分散型发展具有独特优势和未来前景。数字化科技的日新月异让在家办公等灵活的工作形态迅速普及，即便身处异地也能为企业办公，超越空间的新型工作形态正在孕育。基于此，地方国立大学在培养信息技术领域人才的过程中，应当为开创后疫情时代的新型工作方式做出思考和尝试，让年轻人不再因为入职企业位于都市圈而必须背井离乡，让年轻人完全可以身在地方也能为当地以外的企业工作奋斗，这些都将是后疫情时代日本振兴地方的开创性举措。

2. 高等教育改革与发展

现代社会，"当大学的发展由于其规模的巨大愈来愈需要政府的更多投入，大学在社会、经济的发展中发挥愈来愈重要的作用，大学已经成为现代社会的轴心机构之时，政府愈来愈趋于运用政策、经费等手段影响大学的发展"。

因此，在 20 世纪 90 年代以来的世界高等教育改革潮流中，政府运用设立项目、经费支持等手段推动大学改革与发展，以实现政府的经济、社会发展目标成为一些国家高等教育体制的共同特征。日本也是如此。21 世纪初，为推进大学的学术研究与提升大学的科学研究水平，日本政府开始实施卓越中心计划（21 世纪 COE 计划）。"21 世纪 COE 计划"的目标非常明确，就是重点支持大学的各学术领域内形成具有世界最高水平的教育、研究基地，以提高研究水平，培养处于世界领先地位的创造性人才，推进具有国际竞争力、凸显个性色彩的大学的建设。经过申请与评审，2002 年与 2003 年有 85 所大学获批立项 246 个 COE，日本政府两年投入 COE 项目经费 475.02 亿日元。

近年来，日本政府专项经费支持的项目涵盖了大学改革与发展的诸多领域。例如，大学教育方面的专项有：大学教育质量提升推进项目、高质量大学教育推进项目、特色大学教育推进项目等；研究生教育方面的专项有：研究生教育改革项目、有魅力的研究生教育创新项目、卓越研究生教育基地建设项目、博士教育课程领先项目等；高等教育国际化方面的专项有：大学国际化网络建设项目、全球 COE 项目等；产学合作方面的专项有：培养信息技术人才的实践教学建设项目、适应产业界需求与改善教育体制的项目等。为支持这些大学改革与发展项目，日本政府每年都预算支出一定数额的专项经费。

教育再生政策实施以来，日本政府设立了"大学教育再生战略推进费"集中专项经费支持大学的改革与发展。"大学教育再生战略推进费"（简称"再推费"）是依据中央教育审议会等提出的政策课题而专门设立的引导型补助经费，重点支持以下两个方面的项目：①为提升我国高等教育、学术研究的地位，飞跃性地提高能够开展世界顶尖水平教育、研究活动之大学的功能；②为完善大学教育，提高教育质量，开发与实施具有革新性、先导性的教育和研究项目，迅速支持与推广必须实现的体系改革。"大学教育再生战略推进费"的这两个重点支持方向体现了日本政府大学教育再生政策的基本目标：一是面向所有大学，提高日本大学教育的整体水平和质量，以适应日本社会、经济发展的需要；二是面向世界，提高日本一流大学的教育与学术水平，以提升在高等教育国际化潮流中日本大学的影响力。下面以两个专项为例进一步分析大学教育再生政策的具体实施状况。

（1）大学教育再生加速项目

文部科学省于 2014 年 4 月启动这一项目，在项目立项指南中首先明确了设立项目的目的。本项目依据教育再生实行会议第三次建议书和第四次建议书提出的国家高等教育改革方向，重点支持以下方面的改革实践：①积极学习；②学习成果可视化；③招生考试改革与高大衔接。

通过这些改革实践以期实现如下目标：①从根本上加强大学的培养人才功能；②向能够对能力、意向、适应性进行多方面、综合评价的大学入学选拔方式转变；③大力推进高中教育与大学教育一体化改革。立项指南还对重点支持的 3 个方面（方向）做了具体的说明。所谓"积极学习"的内容，主要包括采用适当的教学方法促使学生积极、能动地参与学习，以培养学生的认知、伦理、社会能力以及内含教养、知识、经验的通用能力。所谓"学习成果可视化"的内容，主要包括通过大学与学部的教学管理改革，采用多项指标检测学生的学习成果，并依据学习成果进一步改善教学内容与方法。所谓高大衔接的内容，主要包括高中与大学相互理解对方的教育目标、教育内容与教育方法，在此基础上大力推进高中教育与大学教育的协同合作。立项指南规定，2014 年 3 个方向共设立 44 个项目，其中方向一（积极学习）、方向二（学习成果可视化）、方向三（招生考试改革）各 8 项，方向一与方向二混合 16 项，方向三（高大衔接）4 项。单个项目年度预算支持经费标准为：方向一、方向二、方向三（招生考试改革）2 000 万日元（最多不超过 4 000 万日元），方向一与方向二混合 2 800 万日元（最多不超过 5 600 万日元），方向三（高大衔接）1 800 万日元（最多不超过 3 600 万日元）。项目完成期限原则上为 3 年，最长不超过 5 年。项目指南公布之后，遂进入项目申请与评审阶段。指南规定，项目申请必须以学校为单位，校长为项目责任人，每校只能申请一个项目。共有 254 所高等教育机构（包括四年制大学、短期大学、高等专门学校）提出了立项申请，其中四年制大学 203 所，短期大学 32 所，高等专门学校 19 所；国立高等教育机构 61 所，公立高等教育机构 26 所，私立高等教育机构 167 所。文部科学省为使立项工作公开、公正地顺利进行，制定了项目评审规则、评审程序与评审标准，成立了"大学教育再生加速项目委员会"，委员会有成员 17 人，由大学校长、教授等组成，具体负责立项评审工作。项目评审分为两个阶段，第一阶段为材料评审，评审专家 70 人；第二阶段为面试评审。"大学教育再生加速项目委员会"依据两阶段评审的结果决定立项推荐名单，报文部科学省批准。经过申报、评审，2014 年度的"大学教育再生加速项目"共立项 46 项，其中方向一 9 项，方向二 8 项，方向一与方向二混合 21 项，方向三（招生考试改革）3 项，方向三（高大衔接）5 项。

　　文部科学省在 2015 年与 2016 年又进行了两次"大学教育再生加速项目"新方向的立项工作。2015 年重点支持的立项方向是"长期校外学习项目"（方向四）。设立这一方向的主要目的在于"完善有利于学生在国内外开展多样化长期体验活动的体制"，学生校外的长期体验活动将有助于"培养具有发现问题能力、研究问题能力、任务执行能力等'社会人基础能力'和'通用基础能力'的人才"。立项指南规定立项 12 项左右，单项年度预算支持经费为 2 000

121

万日元（最多不超过 4 000 万日元）。共有 38 所高等教育机构提出了项目申请，经评审批准立项 12 项，其中四年制大学 10 项，短期大学与高等专门学校各 1 项。2016 年重点支持的立项方向是"加强毕业生质量保障"（方向五）。设立这一方向的主要目的在于，"形成客观衡量毕业生所掌握知识与能力的评价机制，开发能够以更明显的形式向社会展示学生学习成果的有效方法，与校外多方面专家协同构建有助于大学教育质量保障的建言、评价机制"。立项指南规定立项 16 项左右，单项年度预算支持经费为 2 500 万日元（最多不超过 5 000 万日元）。共有 116 所高等教育机构提出了项目申请，经评审批准立项 19 项，其中四年制大学 15 项，短期大学 3 项，高等专门学校 1 项。大学教育再生加速项目三年（2014—2016）共立项 77 项。从获得立项的 77 所高校中至少可以看出如下的特点。和过去实施的 GP 项目相比，公立高等教育机构的比例比较低，私立高等教育机构的比例较高（77 所立项高等教育机构中，私立高等教育机构 45 所，占总数的 60%），这表明教育改革在各类院校中广泛展开。还有一点是，不少财政基础较弱、规模较小的院校获得了立项。可以认为"大学教育再生加速项目"体现了日本政府大学教育再生政策的基本目标之一，即面向所有大学，提高大学教育的整体水平和质量。

（2）卓越研究生院项目

这一项目是文部科学省从 2018 年开始设立的新项目。项目立项指南中关于该项目设立的目的、意义等有着清晰的说明。设立该项目是为了解决日本高水平人才培养遇到的一些现实问题。指南指出，日本近年来出现了优秀青年不考博士研究生这样一种"远离博士"的状况，这种状况将可能引起未来国家整体知识创造能力低下、科技创新的国际竞争力衰弱等严重问题。

因此，设立"卓越研究生院项目"的主要目的在于，"培养能够主导新知识的创造与应用、创造引领未来的价值、能够挑战解决社会课题、为社会带来创新的博士人才（高水平的知识专家）"。为凸显项目的卓越性，指南规定了重点支持的 4 个领域：①在国际上具有优势的研究领域；②能够在社会上创造多种价值与体系的文理交叉、跨学科的新领域；③能够成为未来产业结构核心、形成有利于经济发展的新产业的领域；④能够为世界学术发展多样性做出贡献的领域。由于"卓越研究生院项目"定位于博士研究生培养，因此只有博士学位授予权的大学才能申报。项目指南规定立项第一年单个项目预算支持经费最高为 4.23 亿日元，项目完成期限一般为 7 年。为保证项目评审的公开、公正，文部科学省委托日本学术振兴会下设"卓越研究生院项目委员会"专门负责项目的评审工作，并在指南中规定了具体的评审规则、标准、方法等。

例如，项目评审标准的要点有以下 4 个方面：①以高水平知识专家为目标，明确制定博士人才培养的具体规格（什么样的研究领域、创造什么样的价值以解决人类社会问题）；②从校长负责、构建学校整体体制、实施研究生院改革的视点出发，确保项目实施、成果推广和实践的持续性、发展性；③项目资助期结束后，培养高水平知识专家体系的质量不会降低；④为培养高水平知识专家应具有的俯瞰能力、独创能力以及高度专业性，构建宽领域、一贯性的课程体系。"卓越研究生院项目委员会"还承担着项目执行状况与完成情况的评价工作，指南规定项目开始后的第四年和项目完成时须进行中期评价与结项评价，以保证项目的成果质量。

"卓越研究生院项目"于 2018 年、2019 年、2020 年进行了立项工作。2018 年有 38 所大学申报了 54 个项目，通过评审立项的是 13 所大学的 15 个项目。2019 年有 29 所大学申报了 44 个项目，通过评审立项的是 9 所大学的 11 个项目。两年共 16 所大学立项 26 个，其中仅有 1 项为私立大学早稻田大学获得，其他 25 项皆为国立大学所有，这充分显示出在日本大学体系中国立大学博士生培养与科学研究的绝对优势。在获得立项的国立大学中，东京大学、东北大学、名古屋大学各 3 项，京都大学、大阪大学、东京工业大学、千叶大学各 2 项，其余 8 所大学各 1 项。

从已经立项的 26 个项目中，或许可以看到"卓越研究生院项目"的以下一些特点：① 26 个项目中绝大多数是自然科学领域的，只有两个项目以人文社会科学为主，即东京大学的"尖端商法国际卓越研究生院项目"和千叶大学的"培养欧亚大陆全球领导者的应用人文教育项目"。② 26 个项目计划的博士生人才培养基本上是跨学科的。由于推进博士生教育发展是"卓越研究生院项目"的主要目的，因此每个项目在计划中都列出了培养博士生的具体内容，跨学科是其主要特色。例如，东北大学的"人工智能电子工学卓越研究生院项目"计划每年招收博士生 25 名，由东北大学的 6 个研究科（日本大学实施研究生教育的二级机构）15 个专业招收，其中包括工学研究科的电子工学、电能系统、通信工学、应用物理学、技术社会系统专业，信息科学研究科的信息基础科学、系统信息科学、应用信息科学专业，医学工程学研究科的医学工程学专业，理学研究科的物理学、数学专业，文学研究科的日本学、广域文化学、综合人类学专业，经济学研究科的经济经营学专业等。③ 26 个项目都采取与国内外相关大学、研究机构、企业协同培养博士生的方式。例如，东京大学"尖端商法国际卓越研究生院项目"的协同单位是哈佛大学、北京大学、首尔大学、日立制作所、富士胶片株式会社、软银株式会社、日本银行金融研究所。京都大学的"尖端光电子器件创新项目"的协同单位有剑桥大学、苏黎世联邦理工学院、柏林洪堡大学、德累斯顿工业大学、成均馆大学、南京大学、量子科学技术研究开发机构、物质与材料研究机构、产业技术综合研究所、电力中央研究所、岛津制作所、日本电产株式会社、三菱电机株式会社、住友电气江业株式会社。"卓越研究生院项目"体现了日本政府大学教育再生政策的另一基本目标,即面向世界,提高日本一流大学的教育与学术水平。

（3）"教育再生"政策与高等教育未来发展

教育是事关未来的事业,当下的教育改革和发展与国家、社会的未来息息相关。因此,未来指向性是教育政策的重要特征之一。2013年以来,日本政府通过制定"教育再生"政策推动大学改革与发展的同时,也将大学"教育再生"与高等教育的未来发展联系起来,并对日本高等教育的未来走向给予了足够的关注。在2017年3月6日召开的中央教育审议会总会会议上,文部科学大臣提出了"关于我国高等教育未来设想的议题,要求审议会综合研究巨大变化的经济社会中高等教育机构能够发挥什么样的作用,以及从现在到2040年的高等教育发展构想"。中央教育审议会经过1年半以上的调查研究、分析讨论,其间召开总会4次、大学分会12次、未来构想小组会30次、研究生教育小组会8次、制度与教育工作小组会20次,于2018年11月26日完成咨询报告《面向2040年的高等教育大构想》（以下简称《大构想》）。咨询报告《大构想》在开篇指出了日本高等教育改革今后发展的三个方向,三个方向的关键词分别可以概括为"学生""规模""地方"。所谓"学生",即高等教育机构要以学生为中心,必须明确学生在学期间能够学到什么,着力实施让学生能够体验到学习成果的教育,为此而完善教育体制,转变质量保障制度。所谓"规模",即高等教育机构将面临18岁人口不断减少的状况,2040年时日本18岁人口将减少到88万,相当于现在的70%左右,各高等教育机构为维持适当的规模必须着力扩大招收社会人与留学生。所谓"地方",即高等教育发展构想要回应地方的需求,发挥各自的优势与特色为地方经济社会发展服务。《大构想》在深入分析日本高等教育的现状与问题以及与其他一些国家比较存在的差距之基础上,设计了未来20年日本高等教育发展的若干重点领域。

①向"学生本位"的高等教育转变。未来社会充满着不确定性,高等教育应该培养什么样的人才以适应未来社会的发展,这是首先必须考虑的问题。面对着不断变化的社会发展,高等教育培养的人才不仅需要具有专业性,而且需要拥有在思考力、判断力、俯瞰力、表现力之基础上的宽广的素养和高度的公共性与伦理性,能够适应时代需要,支持社会发展,理性地改造社会。为了培

养这样的人才，高等教育机构必须实施让"每个人的可能性得到最大发展的教育"，从"应该教什么"向"应该学什么"转变，从重视教师的教学方法与内容向重视提高学生自主学习的质量转变，从以课堂教学为主的传统形式向小班化积极学习和充分利用信息手段的新教学形式转变，从学习评价、升学毕业的"学年主义"人才培养体系向依据每个人的不同学习达成度实施教学管理的制度转变。

②加强高等教育机构与社会的联系。未来日本高等教育机构必须从以下三个方面加强与社会的紧密联系。

一是强化研究能力促进社会的科学技术发展。近年来，在激烈的国际竞争环境中，日本的科学研究地位有所下降。例如，1996—1998 年、2006—2008 年、2016—2018 年发表的论文统计显示，这三个时间段日本研究者平均每年发表论文总数依次是 66 036 篇、76 430 篇、81 095 篇，世界排名依次为第二、第四、第五（中国这三个时间段平均每年论文总数依次是 19 490 篇、95 507 篇、351 628 篇，排名依次为第九、第二、第二）；平均每年发表被引频次排在前 10% 的论文数依次是 5 018 篇、5 921 篇、6 745 篇，世界排名依次为第四、第七、第十一（中国平均每年发表被引频次排在前 10% 的论文数依次是 1 089 篇、8 261 篇、42 719 篇，排名依次为第十三、第四、第二）；平均每年发表被引频次排在前 1% 的论文数依次是 425 篇、539 篇、794 篇，世界排名依次为第五、第七、第十二（中国平均每年发表被引频次排在前 1% 的论文数依次是 85 篇、662 篇、4 692 篇，排名依次为第十六、第五、第二）。因此提高研究能力与水平、推动科学前沿研究的不断深入、产出高水平的学术创新成果将是大学科学研究的主要任务。

二是加强与产业界的协同合作。一方面大学要在人才培养方面适应产业界的需要，与产业界协作改革人才培养方式，并在重要性日益增加的继续教育领域充分发挥作用；另一方面大学应在治理、研究等领域加强与产业界的协同合作，更加有效地利用校内外的各种资源。

三是加强与地方的全面合作。高等教育服务于地方社会发展不应仅体现在地方产业、经济发展方面，还应体现在地方教育、文化、医疗、基础设施建设等各个领域，高等教育机构要成为地方创新发展的主要支撑力量。

③促进高等教育体系的多样化发展。《大构想》提出了未来日本高等教育体系多样化发展的 5 个要点，即学生多样化、教师多样化、课程体系多样化、大学治理多样化、大学特色发展多样化。所谓学生多样化主要在于改变一直以来日本高等教育招生面向 18 岁人口的单一体制（"18 岁中心主义"），

扩大招收社会人与留学生。有数据表明，日本 25 岁以上学生占本、专科学生总数的比例和 30 岁以上研究生占研究生总数的比例，与欧美国家相比均处于较低的水平。以 2016 年的高等教育入学人数统计为例，专科入学人数中 25 岁以上的比例，日本仅 4.6%；本科入学人数中 25 岁以上的比例，以色列最高为 33.2%，OECD 国家平均为 15.8，日本仅 25%；硕士研究生入学人数中 30 岁以上的比例，以色列最高为 57.4%，OECD 国家平均为 21.9%，日本仅 13.2%。日本留学生占大学生总数的比例与欧美国家相比，同样处在较低的水平。2016年本科学生总数中留学生所占比例，OECD 国家平均为 4.9%，美国为 4.2%，英国为 14.1%，日本仅 2.5%；硕士研究生总数中留学生所占比例，OECD 国家平均为 13.4%，美国为 10.1%，英国为 36.1%，日本仅 7.1%；博士研究生总数中留学生所占比例，OECD 国家平均为 29.2%，美国为 40.3%，英国为 43.2%，日本仅 18.2%。因此，如何采取措施，建立更加适合开展继续教育与留学生教育的体制是日本大学教育改革的重要课题。所谓教师多样化，主要针对日本大学教师中青年教师、女教师、外籍教师比例较低的现状（2016 年日本大学教师总数中 40 岁以下的占 23.4%，2017 年大学教师总数中女教师占 24.2%，教授中的女性比例更低，只有 16.2%），通过改革，完善有利于录用不同类型的教师、灵活运用校内外人力资源的大学教师人事制度。所谓课程体系多样化，主要指在跨学科的知识组合成为必要、大学培养的人才应具有更多内涵、经验的时代，大学要以学生为中心，跨部门、跨学校，实施文理综合、主辅修并重、学分互换等措施，构建灵活的大学课程体系。所谓大学治理多样化，主要指通过采取多样、灵活的举措，提高大学的治理能力。这些举措包括建立国立大学"一法人多大学"制度，构建国立、公立、私立大学协同合作的机制，构建大学与地方政府、产业界稳定的协作体制。所谓大学特色发展多样化，主要指不同类型、不同层次的高等教育机构应找准自身的定位，发展各自的特色。日本高等教育体系由多类型、多层次的高等教育机构组成，依据机构所属有国立、公立、私立之分，从层次来讲，有四年制大学、短期大学、高等专门学校之别。以四年制大学为例，2019 年的大学数为 786 所，其中国立大学 86 所（占总数的 10.94%），公立大学 93 所（占总数的 11.83%），私立大学 607 所（占总数的 77.23%）。国立大学体现了日本高等教育的最高水平，应在开展国家乃至世界领先的高水平教育与科学研究、成为培养高水平创新人才和产出高水平创新成果的基地方面发挥更大的作用；公立大学是各地方政府举办的大学，应在落实地方高等教育政策、实现教育机会平等、推动地方经济社会发展方面发挥关键作用；私立大学承担着全国约 80% 本科生的教育任务，应立足于各自的办学理念，开展丰富多样、各具特色的教育与研究活动，在扩大教育机会、提高国民的知识水平方面进一步发挥作用。

④完善"以学习为中心"的高等教育质量保障体制。日本高等教育质量保障体制建设面临着两方面的挑战。

一是高等教育已经进入了普及化阶段，随着高等教育入学人数的不断增多，大学生的类型日益多样化，如何面对大量不同于精英阶段的学生实施质量保障措施，是日本大学教育需要研究的重要课题。

二是现实中，从学生学习的角度出发，日本的高等教育质量保障体制存在着一些问题。例如，国立教育政策研究所的调查显示，一、二年级大学生平均每周上课时间约 20 小时，预习、复习时间约 5 小时，课外学习时间非常少，而且这与以往调查的数字相比没有任何变化。美国等国家一年级大学生中有 50% 以上每周课外学习时间超过 11 小时。

因此，"以学习为中心"是未来完善高等教育质量保障体制的方向。"以学习为中心"完善质量保障体制需要考虑的内容包括：学生在学校期间学习了什么、掌握了什么、获得了哪些成长、取得了哪些学习成果，为此大学是否构建了有特色、多样化的教师组织与课程体系。完善高等教育质量保障体制，大学毫无疑问是第一责任主体。各大学应在校长的领导下，确立以毕业与学位授予方针、课程编制与实施方针、招生考试方针（"三大方针"）为指导的大学教育体系，完善学校内部的质量保障制度。国家高等教育质量保障体制也需随着高等教育的改革与发展而不断完善。

⑤加大全社会对高等教育发展的资金支持力度。日本虽然是经济发达国家，但是长期以来政府的财政赤字状况制约了财政对高等教育的投入。据 2015 年的统计，关于高等教育的公共财政投入占国家 GDP 的比例，OECD 国家平均为 1.0%，挪威最高为 1.7%，日本最低仅 0.4%。日本高等教育投入主要依靠民间财力，高等教育自费支出比例达到 67.6%，高于 OECD 国家平均水平（30.7%）1 倍多。

因此，如何扩大高等教育的资金来源是日本高等教育未来发展必须解决的问题。高等教育是国家实力增长的重要源泉，必须在确保政府财政支持的同时，加强民间投资、社会捐赠、个人负担，使高等教育经费来源多样化。今后，有关大学教育与研究活动的资金投入方式，以及财政投入、民间投资、社会捐赠、个人负担等资金来源的结构平衡问题还需要进一步深入研究。

综上所述，日本政府着力实施的"教育再生"政策对日本教育改革与发展的影响还会持续一段时间。从实施至今，"教育再生"政策在日本高等教育改革与发展中发挥的作用，或许可以从以下几个方面来做些概括。

第一，进一步强调了大学必须重视教育（教学）这一基本点。长期以来，日本大学形成了重研究轻教学的习惯。如日本高等教育研究知名学者有本章在其新作《什么是大学教育再生》中所指出的那样："日本大学对教育不热心，教师不训练学生，与其他一些国家相比学生用于预习、复习的时间过少，学力低下，没有涌现出产业界所需的大批适用人才，这些问题时常受到来自社会的批判。"因此，在20世纪90年代初开始的新一轮日本高等教育改革中，大学教育与教学始终是改革的一个核心主题，各大学在课程改革、重构通识教育体系、建立促进教师教学发展的组织制度、构建教育质量保障体系等方面下了很大的功夫。在这样的背景下实施的"教育再生"政策，进一步突出了大学培养适应并促进社会发展之大批人才的责任与重要性，强调应以学生为中心、以学生学习成果为导向重构大学教学体系和质量保障体系，通过立项与经费支持的手段引导各大学更加深入地推进教育改革。从这一意义上来说，所谓"大学教育再生"就是要让教育与教学、人才培养再回大学的本位。

第二，在"教育再生"政策的指导下，日本政府出台了一系列具体措施推动高等教育改革的深入开展。如前所述，高中教育与大学教育衔接以及大学入学考试制度改革是"教育再生"政策的重要内容之一。"教育再生实行会议"提出与高大衔接和大学招生考试改革相关的建议书之后，2014年12月中央教育审议会做出了关于实现适应新时代的高大衔接，高中教育、大学教育、大学招生考试一体化改革的咨询报告，以此为基础文部科学省于2015年1月出台了"高大衔接改革执行计划"。该计划不仅明确了2015年之后改革的具体措施及时间表（2015—2024年），而且确定了一体化改革的主要领域与具体内容，使得这一改革有步骤地逐步展开。

第三，"教育再生"政策的实施，再次凸显了在日本高等教育体制中政府对于高等教育改革与发展的影响作用。政府放权，让大学更加自主地办学是日本20世纪90年代初的高等教育改革的基本方向之一，尤其是国立大学法人化将改革推向了新的高度。改革促使日本政府改变了影响高等教育的方式，即除了长期以来通过修法修规引导与规范大学的改革行为之外，政府更多地运用立项、经费支持的手段体现政策方向，推进高等教育改革与发展。为落实"教育再生"政策，政府专门设立"大学教育再生战略推进项目"，就充分说明了这一点。

应该看到，高等教育发展有自身的规律，是一个长期、连续的过程，"教育再生"政策虽然在推动日本高等教育改革与发展方面已经产生了一些作用，但是会否引起更多具有深远意义的变化，还需要时间的验证。

（四）卓越大学院计划

1. 日本"卓越大学院计划"提出的背景

（1）就业情况不乐观

2019 年日本学校调查数据显示，当年博士生入学人数为 14 976 人，这是继 2015 年之后，日本连续四年博士生人数少于 15 000 人。以发达经济体每百万人口新增博士学位人数为例，2000 年以来德国规模最大，且增幅较大，其次是英国，再次是美国、韩国、日本。

另外，从 2004 年开始，美、韩博士生数量持续上升，日本却持续下降，尤其是在 2011—2017 年，日本硕士毕业生人数逐年增多，但博士生入学人数处于不断下降的状态。由此说明，日本新增博士学位人数呈现长期下降趋势，恐与日本博士生培养相对"封闭"、职业路径单一等因素有关，这导致了博士生就业满意度较低，严重挫伤了公众对博士教育的期望。

因此，2015 年以来，日本强调高校要与产业界以及其他公共研究机构展开紧密合作，并鼓励研究生参与产学研活动中，推动研究生教育发展紧跟社会发展需求，从而尽可能有效解决当前博士生数量下降的问题。日本学者也指出，面对复杂多变的社会环境，今天的博士生教育亟须变革，应加大与产业界的联系，使得博士生不仅具备高水平的专业知识，而且能够在更加广泛的领域工作。在这一背景下，拓宽博士生教育培养路径，增强博士生教育吸引力，成为日本博士生教育改革的重要方向。

（2）科研产出数量下降

统计显示，2015—2017 年日本学者发表论文总数位列全球第四，低于美国、中国和德国。在具有较高关注度的前 10% 和前 1% 的论文数量方面，日本仅位列全球第 9。此外，日本学者的"高被引论文排名"的下降尤为明显。过去十年间，虽然日本专利申请总量位列世界第一，但近年来，日本曾引以为傲的"信息与通信技术""电气工程"等领域的专利申请数量下降明显。另外，日本科研影响力下降的表现还包括日本的科学研究不能迅速回应国际社会变化的复杂问题，特别是自然科学领域的科研成果未能直面社会变化所致的问题，且有关的论文数量占比在国际排名呈现下降的趋势。与此同时，在科学研究生产力方面，虽然日本不断加大投入，科研生产力连续多年走在前列，但中国和韩国的研究生产力也取得了较大的进步。

调查结果显示，日本在学术论文及学术会议论文发表率方面甚至低于韩国。日本科研产出数量和影响力的下降，与其他国家科研产出能力的上升形成鲜明对比。日本各界认为，造成上述局面的原因很多，但日本博士生规模萎缩是博士生群体创新能力减弱的主要原因。

事实证明，一流的博士生教育对国家科技进步和经济发展具有重要意义。作为准科研工作者，数量庞大的博士生群体不仅承担了大量的科研任务，是大学科研产出的主要贡献者，更是国家科技创新能力的重要标志。在此背景下，日本各界都在思考如何进一步激发学生攻读博士学位的意愿，扩大博士生招生规模，同时更进一步提高博士生创新能力，维持日本在尖端、前沿领域的领先地位。

（3）博士生培养过程封闭

日本国内虽然涌现出筑波大学这样以"学科群"构建大学基层学术组织的探索，但对于多数日本高校而言，博士生培养仍固守单一"学科"范围内，遵循传统的研究室导师指导博士生科研活动的做法。在科技、经济迅猛发展的今天，这种基于学科的培养方式，阻碍了各学科领域博士生的交流、合作，易形成学科壁垒。不少日本学者一直在积极呼吁，伴随着知识生产方式的改变、知识体系的日渐庞大，学科发展不断走向交叉融合已成为科学发展的重要趋势，学科融合是取得具有世界一流科研成绩、提高国家学术声望的有力方式。他们强调通过跨学科研究方式统整多个学科知识体系、理论、方法、技术等来解决日本和人类社会难题。因此，培养高端研究人才的日本博士生教育必须改变封闭的博士生培养过程，积极开展跨学科研究，培养具有跨学科知识的高层次创新人才，这是解决社会发展中面临的种种复杂问题的关键路径。

在上述背景下，2016 年 4 月 15 日，日本文部科学省采纳了中央教育审议会的建议，提出建设"卓越大学院"的构想，进一步推进日本研究生教育改革。同时，这一计划也写入了日本内阁会议通过的《日本再兴战略 2016》，成为日本国家战略体系的重要组成部分。2018 年，"卓越大学院计划"正式实施，该计划的政策目标是面向未来经济社会发展，培养出世界一流水平的博士人才，使他们成为世界一流水平的知识创造者与引领者。这是日本"建设世界一流研究生院"国家战略的重要组成部分，也是日本国家创新体系重要支柱的具体实践，其意义和影响都非常深远。

2. 日本"卓越大学院计划"的主要特征

自 2018 年 10 月日本文部科学省宣布 15 个项目入围 2018 年新项目"卓越大学院计划"以来，截至 2020 年，该计划一共评选、资助了 30 个大学研究生院科研计划，累计投入 126.9 亿日元。为期 10 年的"卓越大学院计划"以"培养具有创新知识、创造价值，能解决具有社会挑战性的课题的世界一流水平的博士人才，提高国家核心竞争力"为战略目标，旨在依托科研项目，加大科研资助力度及课程改革力度，并推动跨学科研究，最终致力于提高博士生培养水平。

（1）着眼"世界一流"，坚持"宁缺毋滥"

"卓越大学院计划"以日本学术振兴会为主体，同时选择某一领域的专家、企业家或大学教授等一起组成"卓越大学院计划委员会"来评价、审查和资助设有博士生课程的高校申报项目。在这项遴选和评价中，委员会坚持一流标准，强调宁缺毋滥，主要从"培养目标""教学与科研能力""项目资源保障及规划"等方面进行严格审查。如，审查所申报项目的博士生培养目标是否与计划的目标基本吻合，申报主体是否具备相应的教学和科研能力以确保项目进行，申报单位与国内外高校、研究机构和企业的合作情况等。特别值得注意的是，对于曾经获得相关计划资助的单位，委员会还需对其在新计划中如何利用前期既有成果进行评估。在项目评价方面，该计划强调全程质量监控。项目评价从"项目的灵活性和可操作性""学生产学研活动情况""课程的贯通程度""学生科研成果产量""师资队伍建设"等方面出发，设立"事中评价"和"事后评价"等环节，以便中止或淘汰未达到既定目标的项目，并将事后评价结果作为下一次项目审查的部分依据。从 2018—2020 年申报数量和遴选结果就可以看出该计划的遴选、评价坚持高标准。2018 年申请项目数为 54 个，采纳率为 27.78%；2019 年申请项目数为 44 个，采纳率为 25%；2020 年申请项目数为 42 个，采纳率为 9.52%。总体来看，申请和入选项目数逐年减少，表明"卓越大学院计划委员会"在进行资格审查时，并不会因为总体申请数减少而降低标准。

（2）服务日本战略布局

日本政府对于本国当前科研实力与世界未来科研重点有着清醒的认识。相关政府文件明确指出，日本具有优势的学科领域是指已获诺贝尔奖的物理学、化学、材料科学、免疫学、生物学和生化科学等；享有世界美誉度和竞争力的产业是汽车、生物制药、电子信息、设备制造等。为此，"卓越大学院计划"要求所有申报项目必须符合相关领域的目标设定与成果预期。如在国际上具有优势的学科领域，能够体现出日本卓越性的领域的"最尖端量子科学项目"（东京工业大学）、"尖端光学和电子设备制造项目"（京都大学）；能够创造出适应未来社会多样性价值体系的领域的"医学、药学与理工融合的卓越项目"（东京大学）、为生活方式革命的"跨学科移动创新人才培养项目"（名古屋大学）、"功能性化学和生命科学的融合变换项目（名古屋大学）。可以看出，以上入围项目都体现出鲜明的导向性。

从入选项目看，这些项目横跨医学、机电、农业、人工智能、材料科学、光学、能源等众多领域，尤其关注了健康科学、先进制造、人工智能等前沿话题，它们大多为日本大学的优势学科，有长期的积累，是日本领先于世界的研究领域。同时，这些项目大多具有交叉学科或跨学科属性。为了在实践层面落实学科交叉和"跨学科"研究，"卓越大学院计划"强调以跨机构合作来实现学科融合。积极促进高校与校外研究机构、企业之间的合作成为该计划的一大特色和主要内容。

（3）确保项目可持续发展

在"卓越大学院计划"实施中，对项目的选择、培养和评价都有较为充分的考虑，以便促进项目的可持续发展。为保证项目实施具备充足的资源，"卓越大学院计划"将项目的资助周期延长至10年，且单个资金的资助额度上限为4.23亿日元，比博士生"课程统领"计划中资助额度最高的"复合型"项目高出1.75亿日元。此外，从近三年入选项目的情况来看，项目的"重点化"趋势明显：每年申请的项目数在40个左右，但入选项目数量不多，且呈逐年下降的态势。这表明，审核者对项目的要求并不是希望入选项目更多，而是用较高的标准去选拔出更好的科研项目。对于项目的选择从"重数量增长"转为"重质量发展"，进一步凸显出日本政府对于该计划的政策转变以及对入选项目的高度重视。

此外，"卓越大学院计划"强调申报单位在博士生培养过程中资源的"聚集性"与"互补性"。一是凝聚资源合力，吸引日本国内外企业和高校参与项目建设，以期合作培养具有世界水平的博士人才。如东京大学"商业法律国际卓越项目"与日立制作所、哈佛大学、北京大学、中国台湾大学、首尔大学等展开合作；京都大学"医学创新大学院项目"与加州大学圣迭戈分校、多伦多大学、中国台湾大学等海内外顶尖的教育、研究机关、制药公司等进行合作；东北大学"变动地球共生学卓越大学院项目"与五洋建设、东京海上日动火灾保险、斯坦福大学等进行合作；金泽大学的"纳米精密医学和理工学卓越大学院项目"与奥林巴斯、尼康铸造等企业展开合作；大阪大学的"先导量子光束应用卓越大学院计划"与京都工艺纤维大学、高能加速器研究机构、日本ISOTOP协会等进行合作。二是强调资源的"互补性"。"卓越大学院计划"强调资源的连续性，对于早期已获得国家资助的博士生教育项目的高校，在进行项目审查时，高度关注高校如何将已有的科研成果与平台资源有效地衔接到入选项目中。

（4）倡导国际合作

"卓越大学院计划"具有明显的国际化倾向，主要体现为入选项目在目标、视野和运行等方面的国际性。这是该计划与之前的博士生教育计划在培养方式上的重大差别。日本"卓越大学院计划"的主要目标之一是面向全球，增强日本的国际竞争力，提高日本科学研究在国际中的地位。与此同时，该计划采取国际化评价标准，实行体系化、组织化的科研项目，以此推动日本顶尖人才培养体系改革。在博士生培养过程改革方面，日本进一步借鉴了国际经验。如美国博士生课程具有结构化、组织化的特点，缩短了博士生修业年限，有助于其保障博士生完成学业。

因此，日本政府参照美国的资格考试与学位授予条件对第一学年的课程学习和最终的博士学位授予条件进行规定。如北海道大学发布的"北海道大学大学院通则"规定，采用口试方式对博士一年级的研究进度和课程学习进行考核。

（5）加强后备力量培养

随着社会产业结构转型发展，各界对博士生的需求旺盛，博士毕业生的职业路径也将呈现多样化的特征。为迎合变革，日本博士生培养模式也由单一逐步走向多元。早期日本博士生培养模式主要依托大学内部单一研究室的讲座制培养体系。2012年之后，日本各界十分强调产业界须参与博士培养，且产业发展离不开博士生的参与，如此才能更好地为日本未来的产业变革提供强有力的支撑。"博士教育引领计划"的出台促进了各大学在培养计划、课程体系、研究等方面的变革，并积极引入产业界、政府机构以及国内外一流研究机构等外部优质资源参与博士生教育。

然而，2017年一项日本全国范围内的博士毕业生调查结果显示，大部分博士毕业生认为，目前的训练、培训方式仍然比较局限，使得他们对自己的职业生涯了解不够。"卓越大学院计划"的实施则进一步突破大学的围墙，高度强调大学与国外一流的高校、企业共同合作，使得学术与产业产生实质性融合，一起面对社会难题，引领科学技术创新，掌握国际竞争主动权。

另外，日本各界高度重视社会多元参与人才培养，推动博士生培养与企业发展和产业升级同步有助于顶尖人才培养数量和质量与社会需求有效对接。此举还有助于博士生体验不同的学习资源和环境，帮助博士生尽早明晰职业发展方向，推进博士人才类型的多元化，使其不仅为学术服务，也为产业发展提供支持。

3. 日本"卓越大学院计划"的成效与启示

"卓越大学院计划"是日本面对世界经济和产业巨变、科技竞争愈加激烈的客观现实，为做好人才储备工作，以便解决社会性难题，提高国际地位所采取的战略性举措。经过近几年的实践，此计划已经取得一些成效。这一系列举措对我国"双一流"建设背景下，博士生教育如何更好地服务于国家战略发展需要具有一定的启示。

（1）日本"卓越大学院计划"的成效

"卓越大学院计划"启动以来，各高校结合自身实际，立足于入选项目，加大投入，开展了丰富的海外留学活动、跨组织合作研究活动，使得博士生课程改革、博士人才培养质量、科学研究成果取得了良好的效果。由日本 2020 年博士生教育满意度调查结果可知，卓越大学院博士生对学校的教育方式、指导质量、个人能力发展（研究能力提高）等方面的评价较高。特别是在经济支持方面，与非"卓越大学院计划"的博士生相比，其满意度更高，接受调查的"卓越大学院计划"的博士生中有 86% 的学生对整体的教育情况持比较满意的态度。

另外，该计划扩大了人才交流机会，使学生可长期赴海外学习或实习，且有足够的经济支持，为博士生培养打造了优质的教育和研究环境，让他们可全身心地致力于科学研究。例如，东京大学为学生提供赴国外留学的资金和语言培训帮助，搭建与海外研究机构、其他学科研究机构合作交流的平台，为学生跨机构研究提供可能，丰富学生的学习经历，拓展学生的视野。千叶大学则围绕"创新医学千叶卓越计划"建立了人力资源交流和联合研究中心，形成了"行业—政府—学术界"共同合作的跨部门博士生培养框架，涉及海外 21 个研究机构和企业，国内 26 家公司和 3 个政府机构。

此外，"卓越大学院计划"为日本科研成果水平的提高贡献了一定的力量。2021 年 4 月的调查报告数据显示，在"卓越大学院计划"的推动下，2020 年日本科学研究的先进性、综合性、融合性和国际性均较 2016 年以来有所提高，博士生课题研究完成情况良好。

值得注意的是，目前日本学者在国际期刊发表的部分论文的资金来自"卓越大学院计划"，可见该计划为日本科研论文成果的产出提供了相应的支持。当然，因为"卓越大学院计划"实施周期较短，其更多的成效有待进一步关注，加上人才所发挥的作用具有一定的滞后性，因此其所培养的人才功效如何，还需要进一步考证。不可否认的是，"卓越大学院计划"的实施，为日本博士生教育注入了新的活力，打破了传统的博士生教育培养体制。

（2）启示

长期以来，我国不断加大博士生培养力度，为国家输送了大量的高层次人才，我国博士生在国际学术前沿研究中取得较好的成果。然而，当前我国一流博士人才严重短缺，具体体现为博士生人才在全球重大科技创新中的占比及贡献较低。这不但严重制约了我国科技水平的发展，而且难以适应国家战略发展需求，制约了我国迈入世界科技强国的步伐。虽然日本国情与我国有差异，但是在博士生培养方面有着一致的目标，即提高博士生培养水平。因此，"卓越大学院计划"的系列举措对当前我国博士生教育改革具有重要的启示意义。

第一，依托科研项目进行招生，构筑培养"一流博士"的环境。可以看到，日本"卓越大学院计划"在博士生招生方面强调以科研项目为基本，且招生对象不限于高校内学生，鼓励有关专业的社会科研人员参与到项目中，并公开详细的培养目标、科研项目的性质及主要课程、毕业要求、经济支持、学术交流环境、课程安排等。

例如，2018年东京大学入选的"国际生命科学与技术卓越项目"，其网站每年都公布了详细的招生信息，2020年和2021年该项目招生规模均为40人。然而，当前我国博士生招生以导师组或课题组为主，报考人员对未来的课程计划、科研环境及计划均较为模糊，且这样的招生方式过于"封闭"。为此，我国应立足于世界科技竞争的前沿，面向国家经济发展趋势，面向国家治理战略，形成一批围绕国家发展战略、解决社会性难题的顶尖科研项目，以研为突破，改革博士生招生方式，尝试探索以科研项目为招生"单位"的方式，从"入口"开始强调"一流"。

第二，丰富博士生培养方式，加快博士生培养模式转型。为使我国博士生教育尽可能培养更多更精的高端人才，应不断加大博士生培养模式改革力度。一是要面向国际，走合作培养之路。博士生培养应积极与国外一流机构合作，共商博士生培养方案；国家相关部门需完善顶层制度设计，完善相关政策法规及配套措施，吸引更多学生"走出去"。二是要推进跨学科、跨机构学习。培养单位应当组织诸如跨学科课程、跨学科研究项目、跨学科学术交流组织等多类型的跨学科交流平台，加强跨学科、跨部门的合作，使博士生具备多种研究视角。三是要以"研"为本，改革博士生培养方式。一方面，以拔尖创新人才培养为基础，加强拔尖创新人才本—硕—博贯通；另一方面，国内顶尖大学应以培养高端人才、产出一流成果为目标，以建设一流学科为基础，加快形成具有国际竞争力的科研项目。

第三，加大博士生支持力度，创建多元支持方式。目前，我国博士生培养过程还存在政策措施不到位、相关制度不够完善、执行力度不够等问题。因此，博士生对培养环境的满意度不高，培养单位所提供的环境不能更好地满足博士生学术研究的需要。为此，首先各高校要探索多元资助方式，如在奖学金评定和设立上，尽可能增加对博士生的资助力度。高校还需提高经费筹措能力，通过与企业建立一定的合作关系，吸引企业对博士生培养予以投资，以保证博士生的基本生活需求，使其安心进行科研。其次，国家应增加学术交流项目的资金投入，为博士生搭建学术交流平台，增加国内外交流机会，创建丰富的学术交流环境，丰富博士生的科研体验，使其产出高质量成果。

第四，积极引入第三方机构参与博士生教育。在 2020 年 7 月全国研究生教育会议上，习近平总书记指出，要加快研究生教育培养模式改革，促进产教融合，增强研究生实践能力、创新能力，为创新驱动发展提供有力的人才支撑。为此，我国博士生教育改革应搭建企业、政府、高校等相关利益者战略联盟，形成开放、共赢的博士生培养机制。一是要多方参与博士生培养方案的制定，促使博士生所具备的素质能较好地为社会所用；二是要凝聚资源，高校与政府、高校与企业联合创新搭建实验平台，政府或企业提出科研需求，并予以重大资金支持或设备支持，高校则提供以博士生为代表的科研人员加入研究；三是要探索建立博士生"产教融合培养模式"，加大专项资助，鼓励博士生开展前沿性、关键性问题研究。

第六章　当代日本教育的国际化发展战略

随着经济全球化的发展、知识经济的兴起，教育国际化已经成为当今世界教育发展的潮流，也是日本政府深化教育改革的根本原则之一，还是日本开创新的经济增长点、提升软实力的重要"国家战略"。本章分为教育信息化的发展、教育国际化的发展两部分，主要包括日本教育信息化发展的特点、日本高等教育国际化政策发展趋势等方面。

第一节　日本教育信息化的发展

一、教育信息化的内涵

信息化已经融入社会的方方面面，对经济和教育的发展都起到非常重要的作用。在教育领域，教育信息化已经成为教育改革的前沿，"互联网＋"教育、在线教育、智慧教育等已经成为教育研究的热点。在互联网迅速发展的时代，教育信息化的建设在教育中的任务也更加重要。教育信息化也有两层含义：一是把提高信息素养纳入教育目标，培养适应信息社会的人才；二是把信息技术手段有效应用于教学管理与科研，注重教育信息资源的开发和利用。

二、教育信息化发展的特点

（一）推进个性化学习

1. 利用新技术推进个性化学习

AI、大数据等新技术以及超高速网络等在日本本轮教育信息化改革中的投入使用，为开展个性化的学习活动提供了强有力的技术支持。

①新技术实现了有关学情的数据收集和学习过程可视化，基于此，可以针对学习过程开展分析、诊断、反馈以及预测，如构建日本新世代学校支持模型

系统，为学生提供个性化的学习和生活指导；教师可以进行个性化的教学设计，实现新技术支持下的"因材施教"。

②数字教科书、智能化的练习软件以及远程在线教育等信息技术手段，为学生开展个性化学习提供了"智力"支持，可以帮助学生开展针对性的练习，并开展跨越时空的讨论与解惑。

2. 利用信息技术促进综合素质的改善

综合素质包括批判性思维、创造、合作、沟通以及能动的学习意识等。由日本本轮教育信息化改革内容可见，信息技术在促进综合素质改善方面发挥了两大作用。

其一，发挥认知工具作用。技术的适切运用实现了知识与思维的可视化，营造了沉浸式的学习氛围，如新世代学校支持模型系统，通过对学生学习数据等的收集，能够实现学习过程可视化。

其二，发挥交流媒介作用。学生通过社交软件进行远程在线交流学习，可以与相关领域专家、他校学习者开展在线交流。为了使技术能够有效发挥上述作用，在本轮教育信息化改革中，日本文部科学省要求学校在学科教学上，能够根据具体的学习情境，运用信息技术，针对实际问题的发现与解决，开展学习活动。

（二）重视顶层设计和试点研究

1. 重视顶层设计，论证充分

在政策出台过程中，为保证出台文件的科学性和可行性，日本文部科学省组织相关专家进行长期研讨论证，反复修改要出台的政策文件。以编程教育政策的制定和出台为例，在制定政策前，日本文部科学省首先成立了由高校专家负责，包括文部科学省相关官员、中小学一线教师和相关企业专业人士在内的专门机构，负责政策规划和推进；在制定相关政策的过程中，日本文部科学省多次组织专家学者在国内外展开相关调研和讨论。

2. 基于统筹规划开展试点研究，以"研究—实验—普及"的方式推进

日本本轮教育信息化变革涉及的小学编程教育、信息素养培养模式以及远程在线教育等，都是基于多轮试点研究并对研究结论开展效果评估后才写入《指南》的。日本文部科学省为试点研究项目设置了详细的推进实施工程表，整个试点研究按照 PDCA（Plan，Do，Check，Action）循环的方式推进并实施，包括政策制定、试点校选择、试点研究实施、实施结果评估等环节。每一个项目

的推进实施都依据设定的时间表，遵循先行调查研讨、选择试点实证探究、反思改进、推广实施建设的步骤。

三、对教育信息化发展的思考

（一）指导学生做好作息时间表

每天除了半天的听课时间及 4 个小时的在线学习时间，教师需引导学生安排好其他时间，并制作出相应的作息表，促使学生做到张弛有度、劳逸结合，为学生的居家学习奠定良好的基础。教师需拟定一天或者是一周的课程内容的电子清单，通常包含学习的任务、目标、内容、重点、方式方法、要求，以及作业的布置及检查方法，以促使学生实现自主学习，并充分明确相应的学习目标与任务。

（二）注重学习方式的优化

学生在自主预习时，需记录下学习中的困惑与疑点，以便在听课的时候更具有针对性。不论是录播课还是直播课，教师都需把握时间进度，积极为学生答疑解惑。教师需注重培养学生的问题意识，引导学生主动提问，并从学习资源的补充、思路点拨、技巧引导等各个方面和学生进行深入探究与讨论。除此之外，教师需设计相应的电子作业，并引导学生积极运用相关知识对现实问题进行解决，从而实现学以致用。

（三）注重操作演示

不论是录播课还是直播课，教师需根据学习任务，结合学科的核心素养及学情，重新构建教学目标与教学内容。因此，在教学中，教师需注重操作演示，通过操作演示，为学生创设相应的学习情境，指导学生积极开展思考探究，完成教学任务。

综上所述，教师需勇于尝试、勇于担当，积极转化自身的角色定位，积极改进教学的设计，以确保教学效果。同时，教育部还需注重信息化教育的设备更新，并加强教育者与受教者信息化能力的培训，以促使学生顺利完成学习。

第二节　日本教育国际化的发展

一、日本高等教育国际化的兴起历史

纵观日本高等教育国际化的发展历程，从带有"国际化色彩"的高等教育兴起到"二战"后日本真正开始出台政策落实国际化，再到不断改革创新，相

继出台更加符合时代特色、国情的国际化政策，这势如破竹的趋势与日本政府、学者不断地努力探索密切相关。

国际化政策的出台与实行也让日本的高等教育国际化从世界的边缘地带逐渐发展完善，从招收战后国费留学生开始发展到国际化办学、全球性的科学研究、国际文化传播以及社会服务等各个方面，在高等教育国际化发展的不同阶段形成了不同的发展方向，建成了比较严谨的高等教育国际化体系。

（一）日本大学的欧洲化

1868 年日本开始了明治维新改革。日本政府通过这次改革对国家的政治、经济、文化与教育都做出了系统规划，定下了"富国强兵""文明开化""殖产兴业"的目标，使近代日本异军突起，整体国力得到提升。探讨明治维新成功的原因，其中最重要的就是日本政府成功进行了一系列体制改革，其中由于明治政府"相信教育对于发展经济、开发人内在资源的价值"，在教育方面的改革尤为迅速。现在回顾当时教育改革的源起与走向，可以或多或少地看出日本借鉴和学习欧洲的轨迹。"二战"结束前欧洲一直是世界科学的中心，学习欧洲是日本政府的明智之举。德国作为最早强调义务教育的欧洲国家，也是 19 世纪中后期欧洲的大国，因此德国教育兴国的这一理念对明治维新时期的日本有着参考借鉴的示范作用。

1. 欧洲思想的传播

日本明治维新时期"和魂洋才"的思潮就是以西洋科学为中心的欧洲思想的延续与继承，在当时受到德国政治制度的影响最大。

全面学习西方，最直接有效的方式就是派遣考察团进行实地考察。以岩仓具视为大使的日本维新派使节团从 1871 年开始，历时两年，访问参观了欧美十多个国家，考察了商业、经济、军事、轻重工业以及文化教育等多方面。一同前去的伊藤博文、森有礼等人经常向日本政府报告欧洲的考察情况，这对此后国家政策的制定也带来了一定影响。1882 年，明治政府派伊藤博文赴欧洲考察宪政。通过考察，他对英、法、德三国的宪法加以比较，认为英国宪法中"国王虽有王位而无统治权""与日本国情不相符"；而"德国政府虽采众议，却有独立权"，"君主亲掌立法行政大权，不经君主许可，一切法律不得实行"，"可见，邦国即君主，君主即邦国"，因此对德国宪法推崇备至，认为其适合日本国情。回国后他按照德国的样式对政府各部进行改造并大力宣传德国文化，将当时不管是教育理论还是教育实践都处在世界前沿的德国教育发展模式直接带进了日本大学校园。

另外，首任文部大臣森有礼也深受德国国家主义思想的影响，认为国家要富强必须学习德国的国家主义思想，认为"德国的体制是一种同日本的传统和目标更相吻合的模式"。后来日本在筹办帝国大学时颁布的《帝国大学令》开篇便提到"帝国大学以适应国家之需要，以教授学术、技术理论与研究学术、技术之奥秘为目的"，这也是国家主义发展下历史的必然。

在明治维新改革时期，日本近代教育史上几位重要人物对于德国的政治体制或是教育制度皆多为推崇，他们的助力为日本学习德国起到了巨大的作用。

2. 东京大学的成立

19世纪德国最著名的教育事件就是1810年洪堡领导的柏林大学改革，其提出的学术自由、教授治校、开设讲座等主张与原则在当时引领世界。到了19世纪中叶，德国拥有多所世界一流的大学并遥遥领先其他国家，成为当时欧洲的学术研究中心。

明治维新的成功，让日本政府也开始进一步探求教育上的发展。1877年，日本的第一所大学——东京大学是根据现代学制设立的，由"东京开成学校"与"东京医学校"合并改制而成，被视为日本现代化大学的开端。其初设法学、理学、文学、医学四个学部和一所大学预备学校，是日本第一所国立综合性大学，也是亚洲最早的西制大学之一。作为学习欧洲教育文明的直接产物，东京大学在日本有着举足轻重的地位。在1886年大学更名为"帝国大学"，成为日本建立的第一所帝国大学，之后作为日本最高学术典范与七所旧帝国大学之首，在全世界都有着极高的声誉。

前文提到《帝国大学令》在开篇即表明"帝国大学以适应国家之需要，以教授学术、技术理论与研究学术、技术之奥秘为目的"。这段话充分说明了当时西方资本主义、国家主义思潮对日本大学性质的深刻影响。"为国家之需而立，为国家之需而改革"，东京大学的创立充分地体现了这一原则。在东京大学创立之初，当时世界的科学学术中心在德国，当时所追求的理想大学模式中，学术自由、教学与科研统一、教授自治、讲座制度等形式的原型也皆来源于德国的大学。

"如果说从明治维新到东京大学的成立是日本高等教育的摸索阶段，那么帝国大学的出现应视为日本高等教育开始走向了独自发展。"虽说这个时期日本的改革大多是倾向学习德国政治体制，学术教育方面也多模仿德国教育发展模式，但并非全盘照搬，客观上来说，更多的是总体以德国大学的相关制度为主，并糅合了其他几个先进欧洲国家的思想与制度要素。

3. 国际化人才的培养

日本在明治维新时期对人才的培养与吸引也有着一定的探索。较早的便是维新派使节团岩仓具视在 1870 年提出的"海外留学生规则案"。该政策对留学生的派遣国、学习的学科专业等问题都有着详细建议，在领域上、学术上对各个国家进行比较，探讨优劣，有意识地选择最适合国家的最优学科进行学习。

例如，留学英国的话选择机械学等工科类专业，留学法国便选择法学类专业，留学德国便专攻政治学、经济学等社科类学科。这种有选择性地吸取各国高等教育制度优点来发展本国高等教育的方式使得日本教育近代化与产业化得到了迅速发展。

另外，从外籍教师的国别和本国教师的留学国也可以看出日本大学学习国际化的倾向。在分析大学有留学经历教师的留学国家时可以发现当时的欧洲化程度。帝国大学的教授有过留学经历的占 70%，以留学欧洲的居多，其中具有德国留学经历的教师有 50 名左右，大致占据了教师总数的 50%。

日本大学虽然一直在积极学习西方国家，但其主旨是为了日本的强大与独立。所以虽然在创立之初，使用的教材皆为外文书籍，用外语教学，但它的根本原因是使日本更加快速高效地学习西方知识与技艺从而推进日本的近代化进程。在大学的管理上，日本于 1893 年出台了《关于帝国大学以及文部省所辖学校雇佣外国人的规定》。该规定对于外国教师的聘用、薪资等都做出了详细的规定，并且规定外国教师在性质上不属于正式教员，而属于临时性教员。

因此，外国教师实际上没有权利和资格参与教授会、决策会等，只能参与大学的教学与科研，在实际上限制了外国教师参与大学管理的权限。这样，大学虽然在教师来源、课程教学等方面有着较高程度的国际化，但在大学运行与管理上仍然保持着本国化与"自立"。

总体上，这个时期日本高等教育采取的是学习欧洲的国际化发展战略。"以西方化为志向的'国际化'现象，并非与以异质文化为背景的外国人之间进行对等性的相互交流，而是以短期之内获取西洋学术为目的。"因此，此时高等教育国际化更多的是为了提高日本的大学科学学术水平，最终目的是借鉴学习欧洲而提高自身。

（二）日本大学的美国化与自主探索

1. 军国主义导致的学术倒退

在通过明治维新进行改革后，日本"脱亚入欧"，开始学习借鉴不同西方国家的教育制度。日本以学习当时的欧洲中心——德国为主。德国自统一至"二战"一直奉行军国主义国家政策，在教育方面也是如此。日本在学习德国的过程中，模仿《德国宪法》等内容，规定天皇神权不可侵犯，并与德国一样实行军国主义国家管理。

在教育方面，1880年时任文部大臣的森有礼在与普鲁士宰相俾斯麦会谈后，认为把国家主义思想融入教育中的德国教育制度非常符合日本的国情，当时德国的教育制度以国家繁荣、增强国家实力为直接目的，培育的是服务于国家的国民。森有礼相继制定了几个"学校令"，强调教育的目的应该从属于国家，他认为不论是学问自由还是信仰自由，都应该要有利于国家的发展，只能在国家允许的范围以内受到尊重。1890年10月30日日本天皇以自己的名义颁布了《教育敕语》，将其明确为日本教育的根本原则。自此一直到"二战"之前，日本的教育完全否定个人主义和自由主义，只强调国家利益、臣民本分，个人没有权利追求自由和幸福。可以说从《教育敕语》颁布起到"二战"结束，日本教育的国家主义思想核心一直没有改变过。

鲁思·本尼迪克特曾在《菊与刀》中谈到日本人的性格："生性极其好斗而又非常温和；黩武而又爱美；倨傲自尊而又彬彬有礼；顽梗不化而又柔弱善变；驯服而又不愿受人摆布；忠贞而又易于叛变；勇敢又怯懦；保守而又十分欢迎新的生活方式。"日本人在特殊地理环境下也逐渐形成了封闭、视野狭窄且矛盾的性格。在这样一种国民性格下，在国家主义、军国主义思想的催化下，日本狭隘的民族主义极速膨胀，国民为天皇誓死效忠。并且日本在甲午中日战争胜利后，狂妄自大，开始陷入发动侵略战争来扩张日本国土的狂热之中。

虽然日本经过明治维新，学习借鉴西方国家的教育体制，高等教育得到了快速的发展，但由于后期国家主义、军国主义思想的盛行，高等教育结构变得极其等级化和僵硬化，使得高等教育国际化的步伐中断，思想禁锢，开放性和竞争性也荡然无存。

2. "二战"后美国化的教育举措

1939年9月1日，第二次世界大战的警铃正式拉响。日本作为军国主义法西斯侵略方注定要在战争中惨败。1945年"二战"结束后，日本损失惨重，整个国家百废待兴。作为战败国，日本在战后的7年主要由美国进行军事占领，推行"民主化"和"非军事化"的改革。美国在占领期间，对日本进行了经济、政治、文化、教育等各层次、多方面的改革。政治经济改革奠定了日本非军事化、民主化的准则，同时也为日本教育文化改革的展开和深入推进打下了一定基础。

"二战"前日本的教育基础为《教育敕语》中强调的维护天皇的中央集权国家主义思想。在战后，日本社会急需一个能够替代《教育敕语》的规范性教育理念。在"二战"结束后，1946年美国政府曾派教育使节团访日，并提供了日本如何改革的教育调查报告书，中心为"如何使日本的初等、中等以及高等教育最有效地推动日本的民主化"。其中具体内容主要是废除《教育敕语》、实行9年免费义务教育、提倡教育机会均等、男女平等等。这些建议帮助日本从根本上推翻天皇集权的思想，促进教育和整个社会的思想民主化，也为日本战后的改革奠定了基础。1947年3月，日本政府颁布了《教育基本法》，明确了战后日本的基本教育准则，对于教育目的、教育方针、义务教育、教育机会均等、男女共校、学校教育、社会教育、政治教育、宗教教育、教育管理等方面都做出了详细的规定。随后，《学校教育法》《教育委员会法》《社会教育法》等一系列教育法律法规相继出台，在教育的基本原则上日本逐渐步入正轨。

由于美国在占领时期对日本进行了学制改革，日本的高等教育系统发生了很大的改变。在"二战"之前，日本的帝国大学、官公立大学、私立大学、专门学校、师范学校等各类学校的功能、修业年限、制度地位等是多种多样的。"二战"后受美国的影响，这些多样的高等教育机构事实上全部被整合重组，合并成了新的四年制的大学和两年制短期大学。

另外，在大学的具体实施上，日本也积极学习和引进美国的一些做法，如学分制、选修制、进行入学适应性测试等。虽然在当时日本的高等教育体系无法完全适应美国多样性和开放性的系统，仍然处于摸索试验阶段，但这对日本大学后来的发展有着不可或缺的影响。并且这些大学都要严格按照《学校教育法》所规定的那样，"作为学术中心在广泛传授知识的同时，深入教授和探究专门的学艺，养成智慧、道德以及应用能力"。自此，大学真正成了一个集教学、研究和提供社会服务为一体的教育机构。

在对外交流上，1954年日本政府出台了第一个真正对外交流的国际化政策"国费外国留学生招生制度"，开始接收一些国费的外国留学生。这是日本在战后与美国签订了教育交流协定"媾和条约"后，结束了被占领的状态，认识到需要解决一直以来的文化孤立状态而颁布的。在1956年7月的中央教育审议会上，日本政府提出，由于"二战"后日本经济文化遭到了巨大的破坏，教育上也一直处于孤立的状态，落后于世界，因此，日本在高等教育上的当务之急是加强国际交流，提升本国高等教育学术水平，招收留学生，促进人员的海外流动。在反思之前的封闭状态后，日本政府开展相关举措积极行动：

1957 年宣布成立了国际教育协会并开始建造留学生会馆；1970 年开始正式确立了自费留学生统考制度并招收了一批自费留学生。在这一阶段，日本虽然在国际交流等相关制度措施上有积极行动，但是实际上接收与派出的师生数仍然较少。

例如，据 1965 年联合国教科文组织统计，美国大学外国留学生约占本国学生的 14%，苏联占 0.5%，英国占 7%，法国占 51%，西德占 7%，瑞士占 26%，而日本大学生数虽已在世界上排名第三位，但外国留学生数排在第十二位。面对激烈的经济、文化竞争，日本国内对高等教育国际化的建设呼声也日益强烈。

3.80 年代后期的自主探索

随着经济的逐渐复苏，日本高等教育也在快速发展。高等教育入学率也急剧上升，大学、短大的入学率从 1960 年的 10% 上升到 1970 年的 23.6%、1980 年的 37.4%。日本的快速发展使其实现了马丁·特罗提出的从高等教育的精英化到大众化的转移，并且大众化程度仅次于美国。

"二战"后经过几十年的发展，日本在 1971 年宣布实施第三次教育改革。在报告书中，中央教育审议会明确使用"高等教育国际化"这一术语并提出了一系列改革措施：建议大学加强外语能力的培养、加深对外国文化的了解；高等教育向国际开放，加强留学生教育；实施教师定期留学制度，聘用外籍教师等。进入 80 年代后，国际经济竞争日趋激化，而日本由于政府过于严格的控制与保护，在发展原动力的尖端科技研究上逐渐落后，经济开始低迷。为了在科学技术上取得成果，政府将重点放在提高大学的教学水平与科研能力上。1984 年，自民党中曾根政权成立临时教育审议会（简称"临教审"），提出的改革主题之一便是要放宽政府即文部省对大学的种种控制。其认为政府严格的控制阻碍了大学间的自由竞争，从而妨碍了大学教学科研水平的提升。根据临教审的要求，文部省成立了集中讨论大学改革问题的独立审议会——大学审议会，对高等教育政策、改革等进行研究与提供咨询。这些机构的成立在一定程度上奠定了改革的方向与基本思路，在日本的高等教育国际化发展过程中起到了重要的作用。

临时教育审议会在 1987 年第 4 次教育改革报告书中反复建议高等教育要适应国际化的新形势并提出一系列具体见解。1987 年大学审议会成立后，作为接续临时教育审议会的机构，首先便修改出台了"大学设置基准"，提出日本的大学不论国立、公立、私立，都要接受该基准的认定与管理。历次大学审议会出台的教育改革报告书皆从危机意识出发，认为高等教育国际化是日本高等教育不断发展的关键，多次建议政府应该加大投入，增强改革力度。基于以上的建议，20世纪80年代中后期推进日本高等教育国际交流、国际化的新举措频频出台。日本适应了时代的变化，高等教育的发展从限制保护转向灵活自由，从模仿学习转向自主竞争，并且通过重视教育改革的咨询与研究，在国际化的自主发展道路上走得越来越稳。

二、日本高等教育国际化政策发展趋势

（一）国际化发展的"三大模式"及政策演变

从1954年政府出台了第一个真正对外交流的国际化政策"国费外国留学生招生制度"，到2008年推出"留学生30万人计划"，日本几十年的高等教育国际化政策在发展理念上有着一定的变化。"国费外国留学生招生制度"是在太平洋战争之后，以一种"赔偿留学"的外交模式吸引各国留学生进行国费留日学习，主要是为了加强与其他国家的国际交流与合作理解提出的。而"留学生30万人计划"是在经济全球化急速发展的趋势下，日本从战略上力争优秀留学生资源的一个"全球战略"。在从"国费留学生招生制度"到"30万留学生计划"的转变过程中，日本大学国际化的政策理念也随着时代与国家政治经济的发展发生着一系列转变。

1. 国际化政策的"三大模式"

江渊一公根据招收外国留学生政策背后的理念来总结分析不同时期日本出台的国际化政策间的差异，并将政策按照模式进行了分类。在江渊一公学者的模型分类研究基础上，横田雅弘等学者根据"二战"后主要国家政策发展动向将其进一步研究分类，简要化地归纳为以下三个模式。

（1）外交：国际理解模式

在高等教育国际化发展的初期，世界各国都从留学生层面来开展国际化。一般跨国境留学、移民等现象是需要从接收国和输出国两方面来分析原因的。从接收国的政策视角来分析留学生的跨国学习现象的话，接收国积极推进的主要要因有留学生接收国的基础公共设施是否完善、签证等接收政策以及雇佣政策是否开放等。以上这些要因都与国家政策有着密切的关系。第二次世界大战后，各国在发展留学生政策时更多的是作为维护和平、加深国际间理解来维护和促进与其他国家的外交关系。留学生接收国通过发放奖学金等措施吸引留学生派出国的精英，形成接收国和派出国的友好留学交流关系，维护国家间的外

交关系。当时在 OECD 主要国中，有些国家在对旧殖民地国家进行经济援助的同时也给旧殖民地国家的青年提供接受高等教育的机会。在此种模式下留学生在毕业后，原则上需回国为本国建设做贡献。

可以说，这是一种遵循美国富布莱特等发达国家奖学金政策的外交模式。即接受这种奖学金资助的留学生毕业后申请美国工作签证时会受到限制。按规定，在获得该项目的相应学位之后，留学生必须回国花至少两年时间参与本国建设。

（2）客户留学立国模式

这种模式为国际学生设定比国内学生更高的学费，并向称为国际学生的"顾客"出售"高等教育"。一个典型的例子是英国撒切尔政府在 1979 年开始的"外国学生的教育成本由外国学生自己承担"的全成本政策。在 2016 年经合组织统计数据中，澳大利亚、加拿大、丹麦、新西兰、瑞典、美国等至少 20 个国家的留学生收取比国内学生更高的学费。例如，澳大利亚成为一个"留学国家"，澳大利亚从 1986 年开始实施留学生自费政策，并将此作为国家重要发展战略之一来吸引留学生。澳大利亚建立了国际教育开发署来为招收留学生做宣传活动。并且为了让大学更有动力招收留学生，享受留学生红利，其规定国立大学留学生学费中的 70% 归大学所有。国家这一战略政策，让澳大利亚留学生数量不断增长。这种模式也被称为典型的"留学立国"模式。

（3）吸引高科技人才模式

为了响应吸引外国学生的传统模式，近年来，已经有一种趋势，即吸引高质量的外国学生而获得高水平的人力资源。美国之所以在短时间内实现经济科技的全世界领先，并不是国内有很多高科技人才，很大程度上是由于他们善于引进优秀人才，利用留学人才。

在美国，IT 工程师和私营公司研究人员等大多来自印度和中国的移民或在此的外国留学毕业生。美国政府对于优秀的留学生人才给予连续的奖学金支持和与本国学生同等的待遇，这些平等的待遇对外国留学生具有很大的吸引力。根据横田雅弘的说法，这种模式被定义为"经济驱动"模式，并且自 2000 年左右开始出现。因此，高等教育国际化政策开始朝着培养和竞争优秀的高水平人才的方向发展，为本国教育的发展和经济技术的提升储备人才。

2. "三大模式"下日本的国际化政策

在第二次世界大战之后，日本之所以能够在几十年内迅速跻身于世界经济强国之列，其高等教育的国际化发展起到不可忽视的作用。日本高等教育国际化的开端与其他主要国家一样，最先都是从吸引招收留学生开始，并且高等教育国际化政策也整体上按照前文提到的三种模式在不断探索发展与进步。

（1）国费外国留学生招收制度

日本在"二战"后，于 1954 年颁布"国费外国留学生招收制度"，并以此为契机，开始逐渐扩大本国留学生数量。其实在此政策出台之前，日本政府于 1952 年便开始接收中南半岛国家政府派遣的留学生，以东南亚、中东诸国为发展中心接收各国派遣的留学生。这一政策旨在推进建立以人才培养为核心的新型国际关系，并为亚洲国家的经济发展做出贡献。

（2）"留学生 10 万人计划"

自"二战"结束到 80 年代，日本大学的国际化发展是"外交模式"下以集中接收外国国费留学生和政府派遣留学生为主。随着日本经济实力的提高与政策的开放，自费留学生也逐渐增多。据 1978 年文部省的统计，当年共计 5849 名留学生中有 4774 人为自费留学，超过留学生总人数的 80%。虽然留学生人数得到了一定的增长，但是与其他发达国家相比，日本的留学生数量是非常少的。随着经济与科技的迅速发展，日本在化学、物理等自然科学领域居于世界领先水平，相继培养了汤川秀树等五位诺贝尔奖获得者，这些成果让日本大大增强了在高等教育上发展国际化的信心与决心。

1983 年，日本首相中曾根康弘颁布了"留学生 10 万人计划"，计划到 21 世纪初留日外国学生数要达到 10 万人。这一计划是依据当时法国国内的留学生数（119 336 人）来制定的。"留学生 10 万人计划"旨在使日本留学生人数扩大到原来的十倍，以援助发展中国家的人才培育和促进友好为目的。日本政府为了完成这一计划，积极引进各种奖学金制度，鼓励自费留学生来日留学；积极推出相应留学生接收支援体制等。1992 年，文部省在"关于综合推进 21 世纪的留学生交流"报告中积极评价了"留学生 10 万人计划"的发展成果，并提出留学生来源国的多样化、多地区化。1993 年，日本留学生规模已经达到了 5 万人。但是在这之后，由于泡沫经济的破坏和日本渐严格化的留学签证审查制度，留学生数量一度停滞在 5 万人。为了摆脱留学生规模的长期低迷状态，文部科学省多次召开会议分析原因并积极寻找解决办法。

自 1996 年起，日本政府实施一系列措施，为提升留学生数量不断努力。2003 年，日本留学生数量从 1999 年的 55 755 人增长至 109 508 人，标志着为期 20 多年的"留学生 10 万人计划"圆满完成。这一目标达成的最大贡献国是中国，据统计，2003 年 5 月日本留学生总人数为 109 508 人，其中有 70 814 人为中国留学生。这当中既有日本政府放宽签证审查、鼓励自费留学的原因，也有中国修订并承认了个人的海外私人留学制度的原因。此阶段日本政府更多关注数量是否达标，而对于留学生质量、多样性还没有过多精力关注。

"留学生 10 万人计划"出台之初是日本政府意识到需要缩小本国高等教育国际化水平与其他发达国家的较大差距并为了化解本国经济的高速发展而导致的与其他国家的经济差距纠纷。不过随着规模的不断发展，自费留学生人数不断增多，在发展过程中政府明确提出不仅仅要招收发展中国家的留学生，也需要积极吸引发达国家的留学生，在一定程度上保证留学生的多样性和高质量。所以可以说该计划出台之初在理念上更多的是"外交、国际理解模式"，但在不断发展的过程中，日本政府也对其赋予了些许"留学立国模式"的理念色彩，逐渐开始重视大学的国际化水平的提高，国际化理念从单一的"外交理解"逐渐演变成同时注重日本本国利益的"立国"理念。

同一时期，处于英语圈的主要发达国家已经进入"顾客、留学立国模式"。日本在这一阶段后期虽然已经意识到高等教育的国际化是国家持续发展与繁荣的必要条件，但是由于日本国际化发展较其他主要发达国家较晚，还没有实际的实力将其明确上升到国家利益层面，在实际运行中仍更加强调日本在国际社会中的"对外援助"角色。因此在该阶段的接收留学生政策制定中，政治仍是最主要的驱动力。

3. "留学生 30 万人计划"

进入 21 世纪，国际人才的竞争在世界各国愈发激烈。2007 年日本政府召开的亚洲战略网络会议提出要树立大学为"知识中心"观念，把创办具有国际魅力的大学作为优先课题，留学生政策从之前的"国际贡献"模式转变为"国家战略"和"高科技人才"模式，积极推进和吸引高质量的优秀人才。会议制定了新的留学生战略报告，提出需加强职业规划，促进产学合作，积极宣传日本文化魅力，将文化产业与留学生战略并进发展，完善国费留学生制度，积极促进短期留学生制度的发展等。

紧接着在 2008 年 1 月，时任日本首相的福田康夫在国会施政方针的演讲中提出了"留学生 30 万人计划"，指明到 2020 年日本高等学校中在籍留学生人数要达到 30 万人。同年出台的"今后教育振兴基本计划改革报告"将"留学生 30 万人计划"正式明确为国家高等教育的战略之一。该计划在以下几个方面进行改进：简化留学相关签证审核程序，确保该计划顺利实施；明确指定 30 所高校作为接收高质量留学生重点基地；积极创设留学生安心学习生活的环境和完善留学生在日本的就业体系，并明确提出在日就业的留学生比例达到 50%。具体概要如表 6-1 所示。

表 6-1　"日本留学生 30 万人"概要

1. 吸引来日留学——激发海外学生留学日本的动机并提供一站式服务,宣传日本文化,确立日本的品牌战略 推进海外的日语教育 积极向海外提供留学信息 在海外设置的站点提供留学资讯服务
2. 改善入学、入境通道——使海外学生来日留学顺畅化 加大日本大学入学考试等信息的直传力度 简化日本留学考试程序,推进赴日前的入学许可 通过日本大学的海外站点积极获取留学生 简化入境和入境后在留资格的更新手续,缩短审查时间
3. 推进大学的国际化——建设有魅力的大学 选定 30 所国际化试点大学,推进全英文学位课程和英语授课课程的开发 通过交换留学、学分互认、双学位等制度推进与海外大学的国际合作 增加外籍教师教授专业课程的比例,提升教育研究水平
4. 创设接收环境——营造能使留学生安心学习的环境 通过多种渠道为留学生提供宿舍 完善和活用政府奖学金制度 通过地区和企业论坛推进留学生的区域交流 充实日本国内的日语教育 推进日本家庭对留学生的支援项目
5. 推进毕业后的社会接收体制 强化日本大学就业援助中心对留学生的就业推进体制 推进企业方面的意识改革,完善企业接收体制 延长留学生求职期间的在留资格 加强对归国留学生的跟踪服务

（1）"顶级院校全英语课程项目"

为响应"留学生 30 万人计划",2009 年日本学术振兴会出台了"顶级院校全英语课程项目",一共选取 13 所大学,政府连续 5 年每年给予 2 亿到 4 亿日元的专项经费支持。该项目最大的特色就是设立可以直接通过英语授课,通过英语考试取得学位的课程来吸引各国优秀学生留日学习。从 2009 年开始,33 个本科学位课程、124 个研究生学位课程实行该项目,并且随着发展达到了300 多个学位课程。该项目旨在使大学提供高质量教育的同时也提供英文环境让海外留学生更容易前来留学。在项目 5 年的实行中,如日本政府预想一样,日本招收和培养了一批具有国际化战略思维的人才并且增强了留日学生的多样性以及校园整体的英语化水平。但是该计划在实行过程中也有一些不足之处。例如,由于目标设立过大,并且全英语课程设立之初的定位是单独系统的"出岛型"课程，因此具体措施的实行较为困难，学校内部也充斥着种种反对之声。

在该计划发展后期，因为成果没有与预想一致，政府对预算的削减等也导致入选高校的教学质量出现一些问题。该计划在 5 年后草草结束，没有像日本政府预想得那样顺利。

（2）"全球顶尖大学项目"

日本政府于 2014 年启动了"全球顶尖大学项目"，至此在"顶级院校全英语课程项目"之后另一个为期 10 年的新项目正式展开。这一计划的成功与否决定着 2020 年"留学生 30 万人计划"这一国家战略是否能够成功。2014 年启动的"全球顶尖大学项目"更加强调了大学国际化改革这一点。

截至 2017 年 5 月，约是"留学生 30 万人计划"政策实行的 10 年后，日本留学生人数达到 239 287 人，正顺利地向着 30 万人的目标发展。2017 年留学生人数的分布上，留学生人数比 2016 年增长 14.8%，增长最为显著的是专门学校和日本语语言学校的留学生数。其中专门学校共 50 235 人，比 2016 年增加 11 581 人，增长 30%；日本语语言学校共 68 165 人，比 2016 年增加 11 848 人，增长 21%。虽然本科和研究生学位课程的在籍留学生数较少，但从获得高层次人才的角度来看，仍有相当数量的高等学位毕业留学生。并且在日本语语言学校学习的留学生大多都是为了考入日本大学，所以这些学生可以说是取得日本高等学位的预备学生群体。"留学生 30 万人计划"起初设定的模式便是重点吸引高层次的优秀国际人才，而根据现在留学生的构成情况可能主要是从"留学立国模式"到"吸引高科技人才模式"的过渡阶段。总体上虽然没有与日本政府预想的完全契合，但通过不断努力，日本的高等教育国际化发展模式正在朝着"吸引高科技人才"的模式大步向前。

（二）日本高等教育国际化政策的发展特点

通过梳理与回顾日本高等教育国际化的历史发展进程我们可以发现，从最先的"学欧"到"被迫学美"再到后期的自主探究，日本高等教育国际化发展进程可以说是一个国家高等教育国际化发展的典型，在发展中探索，不断研究改进，走出了一条适合本国的高等教育国际化道路。日本在进入国际化发展的三大模式之后，国际化发展逐渐迈上正轨，通过政府、大学等多方面的研究与努力，日本高等教育的国际化水平处于世界领先水平。

1. 统筹兼顾

实现高等教育的国际化与留学生教育政策有着密不可分的关系。从"国费外国留学生招收制度"开始到"留学生 30 万人计划"发展至今，日本政府的高等教育国际化从招收国费留学生起步，发展到开始招收自费留学生、开设外语课程教学、提供留学生的生活支援、提高高校国际竞争力，从点到面渐进扩展。

日本政府为了促进日本大学国际化出台了一系列主要政策："国费外国留学生招收制度"从外交层面吸引其他国家派出的国费留学生，吸引各国优秀研究学者。通过此政策，日本作为接收国与人才派出国建立友好交流关系，在一定意义上开启了日本的高等教育国际化交流。1983年学习模仿当时先进的法国，开始了"留学生10万人计划"。在主要吸引自费留学生实现"留学立国"目标的同时，在发展探索中建立了系统的签证审查制度、较为完善的留学生接收支援体系、国际化的课程体制等。这些举措不仅仅让日本招收了预想数量的留学生，也让本国的高等教育国际化整体设施、体系与大学竞争力得到了一定的改善，顺利地推进了日本大学高等教育国际化的改革。2008年推出的国家战略"留学生30万人计划"更是让日本高等教育国际化水平提升了一大步。为了响应"留学生30万人计划"，日本开始了"顶级院校全英语课程项目"，以重点增设一系列全英语学位课程为主，制订接纳外国留学生制度。该项目除了促进了日本重点大学英语学位课程的数量以外，也积极促进了不同国家高校的战略性国际合作、留学生的多样化和质量的提升；2014年开始的"全球顶尖大学项目"更是在出台目的上直接提出要提升重点大学国际化竞争力来引领全球高等教育的国际化。该项目在目标设定上对大学国际化发展的各个方面都做出了明确的指标要求，选定了37个重点高校，吸引国内外优秀研究者，以实现创造具有国际竞争力环境为目的，支持大学从整体上组织和制定国际化战略，打好坚实的国际化基础，实现引领世界国际化发展的目标。

从上述举措可以看出，文部科学省领导的日本高等教育国际化是把吸引留学生作为第一步来进行，但是后期不仅仅是吸引留学生，也对高等教育国际化的各个方面加以重视并有重点地规划与发展。日本政府在大幅提升留学生招收数量时，并兼顾采取一些重点举措来推进大学国际化整体水平的提升。高等教育国际化战略的转变受到了政府政策、经济、传统文化、时代发展等社会因素的影响，这也是历史发展的必然。日本大学主要通过政府的政策支持来推进大学科学研究能力、国际化水平的提升。

2. 高速发展

纵观日本高等教育国际化发展的演变历程，政府和大学是在高等教育国际化进程中的两个重要部分。在国际化的起步阶段，主要是通过政府出台教育政策，日本高校与政府配合共同推进国际化发展；到 21 世纪初，在建设国际学术科学中心的理念下，特别是"留学生 30 万人计划"战略出台后，以政府推出的竞争性资金补助项目为主，明确要求并重点资助通过公开招募与选拔优秀院校来引领日本高等教育国际化的发展。

3. 改革深化

日本高等教育的兴起历史是外国国际化经验融入本国的一个发展过程。在高等教育精英化阶段，日本重点支持了像东京大学一样的 7 所旧帝国大学，成了日本高等教育发展的先驱，为国家培养了众多人才。此后，随着高等教育机构逐渐增多，形式逐渐多样化，私立大学、专门学校等也逐渐兴起，日本政府开始注重大学的统一性与规范化。但随着高等教育国际化趋势在世界范围内兴盛，过于标准化、统一化的国际化模式使得日本高校逐渐缺乏竞争力，昔日颇负盛名的帝国大学开始在国际排名中下滑，日本政府也越来越认识到教育自由与人开放的重要性，开始逐渐重视大学的个性化发展。为了响应"留学生 30 万人计划"，先后出台的"日本全英语课程项目"和"日本全球顶尖大学计划"最能够体现日本政府在高等教育国际化发展中开始注重大学特色。

综上所述，通过对日本高等教育国际化政策的梳理与分析可以看出，日本政府一直将本国高等教育国际化改革当作国家重要发展战略之一。"该民族无比顽固，又极易适应激烈的革新"，这是大众公认的日本民族特性。虽然日本国际化改革过程中有过挫折，但改革从未停止。

参考文献

［1］ 关松林. 交流与融合：杜威与日本教育［M］. 北京：教育科学出版社，2008.

［2］ 汪辉，李志永. 大国教育战略研究：日本教育战略研究［M］. 杭州：浙江教育出版社，2013.

［3］ 向铭铭，顾林生. 日本学校安全教育与管理［M］. 上海：同济大学出版社，2014.

［4］ 韩立冬. 近代日本的中国留学生预备教育［M］. 北京：北京语言大学出版社，2015.

［5］ 陈君. 日本教师职前培养模式转型研究［M］. 石家庄：河北教育出版社，2016.

［6］ 朱文富. 日本近代职业教育发展研究［M］. 石家庄：河北教育出版社，2016.

［7］ 程志燕. 日本战后日语教育国际化研究［M］. 天津：天津人民出版社，2018.

［8］ 臧佩红. 日本近现代教育政策研究［M］. 南京：江苏人民出版社，2019.

［9］ 洪优. 日本小学国语教育中的思维能力培育研究［M］. 杭州：浙江工商大学出版社，2019.

［10］ 赵霞. 日本教育治理研究［M］. 武汉：湖北教育出版社，2020.

［11］ 徐冠岚，张大成. 日本中小学道德体验教育综述［J］. 品位经典，2020（8）：66-67.

［12］ 熊淳，杨迪，陈筱. 日本高等职业教育的演变与发展［J］. 世界高等教育，2020，1（1）：100-115.

［13］ 王秋爽，邹密，姜巧. 日本教育信息化建设新举措：基于对日本国家政策方针的分析［J］. 外国教育研究，2020，47（8）：54-69.

［14］ 金怡璇，陈元元. 充实与提高：日本挽救高等教育研究能力危机［J］.
衡水学院学报，2020，22（4）：124-128.

［15］ 蒋冰清，杨柳，李瑞娟. 日本学前教育师资队伍的培养及其对我国的启
示［J］. 湖南人文科技学院学报，2020，37（4）：104-107.

［16］ 徐培艺，王克婴. 日本中小学生命教育探微［J］. 当代教育实践与教学
研究，2020（14）：241-242.

［17］ 杨薇，王光明. 日本高等教育国际化的新进展及其启示［J］. 黑龙江高
教研究，2020，38（6）：80-83.

［18］ 史峻川，胡海建. 日本教育扶助政策及启示［J］. 肇庆学院学报，
2020，41（3）：82-86.

［19］ 杨宇. 民族文化与日本近代初期的教育改革思考［J］. 今古文创，2020
（20）：77-78.

［20］ 黄文贵，周丹，刘雨婷. 日本家庭教育政策的考察与分析：基于中日比
较的视角［J］. 现代远距离教育，2020（2）：10-16.

［21］ 向慧萍. 对日本职业教育的特点与我国职业教育改革的思考［J］. 求
学，2019（48）：64-65.

［22］ 李晔，田佳. 日本学校安全教育课程的内容、特点及启示［J］. 教育观
察，2019，8（41）：23-24.

［23］ 胡希. 日本职业教育师资队伍建设引发的思考［J］. 大视野，2019（6）：
52-58.

［24］ 范文娟. 关于日本大学教育国际化的反思［J］. 东西南北，2019（23）：
208-209.

［25］ 崔珊. 近代日本以法制方式推动教育改革的历史思考［J］. 法制博览，
2019（33）：219-220.